10天
学会演讲
——魅力演讲的艺术

钱 钱 / 著

中华工商联合出版社

图书在版编目（CIP）数据

10天学会演讲：魅力演讲的艺术／钱钱著. -- 北京：中华工商联合出版社，2017.2

ISBN 978 - 7 - 5158 - 1915 - 0

Ⅰ. ①1… Ⅱ. ①钱… Ⅲ. ①演讲 - 语言艺术 - 通俗读物 Ⅳ. ①H019 - 49

中国版本图书馆 CIP 数据核字（2017）第 011185 号

10 天学会演讲：魅力演讲的艺术

作　　者：钱　钱
责任编辑：吕　莺　张淑娟
封面设计：信宏博
责任审读：李　征
责任印制：迈致红
出版发行：中华工商联合出版社有限责任公司
印　　刷：唐山富达印务有限公司
版　　次：2017 年 5 月第 1 版
印　　次：2022 年 2 月第 2 次印刷
开　　本：787mm×1092mm　1/16
字　　数：277 千字
印　　张：15.5
书　　号：ISBN 978 - 7 - 5158 - 1915 - 0
定　　价：48.00 元

服务热线：010 - 58301130
销售热线：010 - 58302813
地址邮编：北京市西城区西环广场 A 座
　　　　　19 - 20 层，100044
http：//www. chgslcbs. cn
E-mail：cicap1202@ sina. com（营销中心）
E-mail：gslzbs@ sina. com（总编室）

工商联版图书
版权所有　侵权必究

凡本社图书出现印装质量问题，请与印务部联系。

联系电话：010 - 58302915

目　录

上篇　演讲需要好口才

下篇 成功演讲有妙招

演讲需要好口才

好口才的艺术和魅力

在我们的日常生活中，口才已成为体现一个人综合素质不可或缺的重要组成部分，口才的艺术和魅力体现在生活的方方面面。比如，你想让作为养花高手的邻居帮你修剪一下花木，如果你这样对邻居说："我有一盆花，帮我修剪一下。"对方一定不高兴："哼，凭什么指挥我？"但如果你换一种说法："您在养花方面可是专家，我有盆花，疯长得不成样子，您能不能教教我怎么才能将其修剪得漂亮？"对方便会高高兴兴地帮你修剪，还可能告诉你技巧。同样一件事情，说话的方式不同，产生的效果就截然不同，这就是口才的艺术。

好口才的特征

口才反映了一个人的道德修养、学识水平、思辨能力、应变能力等综合素质。要想使自己的语言具有艺术魅力，光靠技巧是不够的，一味地追求技巧而忽略提升自身素质只能是舍本逐末，因此，我们在学习语言技巧的同时，还应全面提高自身的学识修养。

与人交谈往往是临场发挥，切忌谈吐繁杂啰唆，要立意明确，内容集中，条理分明，逻辑严密，语言连贯，用语规范，通俗易懂，话语得体，适合当时的语境。另外，对听众的各种反应不能置之不理，要思维敏捷，反应迅速，随机应变。

好口才通常有以下特征：

1. 现实性

有好口才的人通过对社会现实的判断和评价，直接向广大听众公开陈述自己的主张和看法。

2. 艺术性

这里的艺术性是指现实活动的艺术。它的艺术性在于它具有统一的整体感和协调感，即好口才中的各种因素（语言、声音、表演、形象、时间、环境）形成一种相互依存、相互协调的美感。同时，好口才不仅仅是现实活动，它还具备戏剧、曲艺、舞蹈、雕塑等艺术门类的某些特点，形成自身持有的独立特征。

3. 鼓动性

没有鼓动性，就称不上是好口才，政治方面的好口才也好，学术方面的好口才也好，都必须具备强烈的鼓动性。这是因为：大多数人都有追求真善美的渴望，有好口才的人传播了真善美，自然容易引起共鸣，激励和鼓舞听众。有好口才的人以自己炽烈的感情去感染听众，容易达到影响听众的目的。有好口才的人的形象、语言、情感、态势以及说话的结构、节奏、情节等均能吸引听众的注意力。是否具有鼓动性是讲话成功与否的一个重要标志。

4. 工具性

讲话是一门科学，更是一种工具，是人们交流思想的工具。思想、学识、发明和创造，都可以凭一副好口才来传播。可以说，好口才是最经济、最实用、最方便的传播工具。

善于表达，谈吐优雅

在我们的日常生活中，口才的艺术和魅力普遍存在着。随机应变的据理力争可以让你把话说得理直气壮；字斟句酌的温和细语可以帮你越过语言的陷阱；察言观色的不卑不亢可以让你把话说到别人心坎上；深思熟虑的口才艺术可以帮你把话说得滴水不漏。

曾经有一位英国人，是牛津大学的毕业生。他独自一人来到美国从事某项商业投资。不幸的是，这笔投资彻底失败了。他既没有钱，在美国也没有朋友，当时通信手段落后，他被困在了美国。这位身无分文的英国人必须找个工作，解决燃眉之急。他走进当地大商人保罗·吉彭斯的办公室，要求与吉彭斯先生见面。

这位英国人衣衫褴褛，衣肘部位的布料已经磨破，全身上下显出寒酸样。吉彭斯先生一半出于好奇心，一半出于同情，答应接见他。一开始，吉彭斯只打算听对方说几秒钟，但是几秒钟之后，吉彭斯改变了主意，谈话变成了几分钟，后来又延长到一小时，而一小时后谈话依旧进行着。谈话结束后，吉彭斯先生立即打电话给狄龙出版公司费城分公司的经理罗兰·泰勒。泰勒不仅邀请这位陌生的英国人共进午餐，而且很快为他安排了一份很好的工作。

这个外表潦倒的人为什么能够在这样短的时间内说服了两位成功人士呢？其秘诀就是：他有很强的表达能力。虽然他衣冠不整，但他的英语说得儒雅得体，使得听他说话的人立刻忘掉了他那沾满泥巴的皮鞋、褴褛的外衣和满是胡须的脸。优美的语言和华丽的辞藻成为了他走向成功的通行证。

人的谈吐是自身教育与文化水平的反映，随时会被别人当成评判我们教养的依据。因此，我们在说话时要尽量得体，不要因谈吐被别人看轻。

掌握技巧，能说会道

通常情况下，有如下几种好口才：

1. 表达立场、阐明观点或者对问题加以说明

这种好口才，当一个问题、一件事情被人误解、曲解，听众不甚明白或不明真相时，能对其进行很好的解释。这种好口才既可以指出、纠正问题，以达到澄清事实的目的；也可以为自己或他人辩白，如和盘托出事实，表明真相，用事实来说明问题。这种好口才表现为能有理有据地对事实充分地加以阐述或说明，抓住问题或事实的实质，但切忌使用"描绘""夸张"等发挥性语言，否则会适得其反，把本来容易说明的问题搞复杂，致使听众反感。

2. 排疑解惑、说服动员、教育劝谏

这种好口才，通常会在会议上、法庭上或学术性的讨论、答辩会上大放异彩，它大多是被动式的发言。这种发言受发问内容的限定。因此，就发言范围来讲是容易把握的。这种答复式的发言，问一答一，问二答二，将所需回答的问题，做条理清楚、内容完整而又是非分明的阐述就可以了。如果是被人质疑，那就对"疑点"做出符合事实和理由充分的回答。如果是法庭上的答辩，就将所涉及问题的时间、地点、人物、事实的经过等加以阐明，或陈述申辩理由。如果是学术上的答辩，那就将观点或研究成果，用科学的方法加以论述或阐明出

来，倘若遇到深奥、艰涩难懂的问题，便用浅显易懂的形象性的语言加以说明。

3. 表达感情、抒发情感

这种好口才，表现在当被人邀请或者表达美好的祝愿、希望时，能说出打动人心的话。另外，说的内容要使听众能获得思想上的启蒙和知识上的启迪；讲话者要注意自我形象和语言的感染力，不仅要以理服人，还要以情感人。

想要拥有好口才，除了平时要重视经常提高口才的水平和理论修养之外，还要注意以下技巧：

1. 首先要克服紧张情绪

面对众多的人时，说话前紧张很正常，但应该正视这种紧张，可以试一下如下方法调节情绪：眼睛微闭，全身放松，心里默默地数数，深呼吸，这样可以使心神安定下来，全身有一种轻松感。如果在说话前稍加活动，双手握紧然后放松，让肌肉缩紧再放松，就会促使由于紧张使体内产生的大量热量散发出来，不再出冷汗。

情绪转移也可以缓解紧张。英国有个企业家叫詹姆斯，因无好口才屡次失败，他怕在众人面前出丑，每次演讲或说话时就会紧张。有一次说话前他狠狠地拧了自己大腿一把，突然感到心里出奇的平静，结果演讲得非常成功。

2. 了解和掌握听众的反应

好口才是一种高水平的"逢场作戏"似的说话，要懂得根据听众的文化水平、职业、年龄、性别等临场发挥；要从听众的立场来撰写演讲稿和思考问题：哪些内容对于听众比较难理解？哪些内容会使听众感到烦琐？在稳定情绪的同时要厘清说话思路，做到胸有成竹。

另外，要防止涉及下列话题：对于不知道的事情不要冒充内行；不要在公共场所谈论别人的缺陷；不要谈容易引起争论的话题；不要到处诉苦发牢骚。

3. 旁征博引以吸引听众

在与人谈话时最好加入一些小故事或奇闻逸事等贯穿整个谈话过程，以此来吸引听者的注意力。拥有好口才的人都知道怎样将小故事和所要阐述的观点联系起来，从而达到讲话的目的。

4. 恰当地使用口语

歇后语、谚语、俗语等，适当而恰到好处地使用会使所讲的话生动活泼，给听众留下鲜明深刻的印象。但是，"美味不可多用"，这些口语作为语言中的调味品，用得多了、滥了，就会适得其反，流于肤浅和滑稽，令人生厌。

腹有诗书，妙语生花

王尔德说："第一次用花来比喻女人的人是天才，第二次用的人便是庸才。"

说话最忌讳使用陈词滥调，如果你可以做到表达正确，那么接下来就要尽量使自己的表达具有新鲜感与创意，有勇气把你自己对事情的看法说出来。

当然，没有什么人敢说自己的口才好到每个句子都是独创的。纵使是最伟大的演说家，也要借助书本的资料、实践的经历来充实自己的谈资。

古人云："胸存语库，文则生辉。"一个胸无点墨的人，很难做到妙语连珠。学问是一个利器，有了这宝贝，一切皆可迎刃而解。你虽不能对各种专门学问皆有精湛的研究，但是常识却是必须具备的。掌握了常识性知识，再将其巧妙地运用，那么就很容易做到口齿伶俐，口吐莲花。所以，如果你想要丰富自己的"语言仓库"，平时必须多学习。

林肯在葛底斯堡闻名于世的演讲，它的全文已经被刻在一块永不腐朽的铜板上，陈列于牛津大学的图书馆。这篇演说稿结尾有一句话："要使我们这个民有、民治、民享的政府长存于世。"这句话已经成为英语文字的典范。

有人认为，这个结尾的名句是由林肯独创出来的。可是事实真的如此吗？

实际上，在林肯发表演讲的几年前，林肯的律师合伙人赫司登送给他一本巴克尔的演说全集。林肯读完了这本书，记下了书中的一句话："民主就是直接自治，由全民治理，它属于全体人民，并由全体人民分享。"不过，巴克尔的这句话也有可能是从韦伯斯特那里借用来的，因为韦伯斯特在巴克尔讲这句话的四年前，曾在一封给朋友海尼的回信中写道："民主政府是为人民设立的，它由人民组成，并对人民负责。"而林肯将此句最终变成了自己的演说词。

在表达自己观点的时候，我们可以借用一些经典的名言名句，但不可为说名言而表达，要把名言融进你的观点之中，这样演讲才能有所突破与创新。

培养好口才要具备的能力

生活中，说的话是要随着实际情况而变的，绝不能死记硬背，认为记一些条条框框的技巧就可以拥有好口才，应当在自己的生活中积累有意义、有感悟的经验，然后从这些经验中汲取精华，让自己说话的内容更为丰富和生动。

想要拥有好口才，要具备以下几种能力：

1. 敏锐的观察力

达尔文曾说："我既没有突出的理解力，也没有过人的机智。只是在觉察那些稍纵即逝的事物并对其进行精细观察的能力上，我可能在众人之上。"想要拥有好口才就需要这种敏锐的观察能力。有了敏锐的观察力，就能从日常生活中，获取大量的知识，并对其加以分析和判断，从中发现规律性的东西，这样，与人交谈时说出的话便会内容丰富，不必担心无话可说。

观察法有两种：一是环视法，二是点视法。说话的人首先要充分考虑到场合以及听众的理解力和接受能力，否则会因为谈话对时间、地点和听众都不适合而达不到所期待的实践效果。所以在说话前应当细致观察好当时的语境和听众的情况，想好之后再开口。

2. 丰富的想象力和联想力

拥有丰富的想象力和联想力是保证谈话生动、有趣、精彩的关键。法国19世纪的评论家让·保罗曾说过："想象力能使一切片段的事物变为完全的整体，使有缺陷的世界变为完满世界；它能使一切事物都完整，甚至使无限的、无所不包的宇宙也变得完整。"而联想力则是在类似或相关的条件刺激下，回忆起过去有关的生活经验和思想感情，它可以丰富谈话的内容，增强情感色彩。在练就好口才的过程中，想象力和联想力具有很重要的作用。一个人的想象力和联想力越丰富，思维才越活跃，创造力才越丰富，说话的内容才能充实、新颖，从而增强交谈的效果。

3. 较强的记忆力

人们总是称赞那些口齿伶俐拥有好口才的人，主要是因为他们有东西可讲，而这可讲的东西很多来自于长期积累而形成的"过目不忘"的记忆力。知识是需要积累的，拥有高超的口才能力非一日之功，必须博览群书，掌握丰富的知识，增加阅历，"储存"大量的材料，耳濡目染社会生活的方方面面并有所感悟才行。没有一点知识积累，就算勉强能演讲，也只能是磕磕巴巴，讲出去的话又怎么能说服听众、感染听众，使听众产生浓厚的兴趣呢？

有好口才的人讲话时会不时地闪现出灵感。当一个新思想出现时，却忘记了用来阐明思想的原材料，这又怎能为说话增光添彩呢？可见想要发表精彩的演讲，必须具有较强的记忆力，如此才能在任何情况都能侃侃而谈。

4. 较强的口语表达能力

说话经常用口语，这也是拉近和听众的距离最便捷、最重要的一种方法。

有些人认为好口才是天生就有的，其实，口才是后来练出来的，表达能力都是经过后天的勤奋练习不断提高的。美国前总统林肯中年时多次进行法庭辩护，显示出一流的口才，几度轰动全国。但他的口才才能是靠苦练获得的。林肯年轻时，经常徒步三十英里，到一些法院去听律师们的辩护词，看他们如何辩论，如何做手势。他一边听那些律师声若洪钟、慷慨激昂的辩论，一边模仿他们。此外，他还去听那些云游四方的福音传教士挥舞手臂、声震长空的布道，回来后也学他们的样子。为了练就口才，提高演讲水平，林肯曾对着树、树桩、成行的玉米演讲过多次。经过如此刻苦的训练，林肯才有了一副好口才。所以我们在平时就要有意识地训练自己的口才。

克服紧张情绪，微笑是最好的掩饰

生活中，人有时会产生紧张情绪，比如，与陌生人见面的时候，第一次在公众场合说话的时候，求职面试的时候，走上舞台表演节目的时候……其实，紧张并不是某一个人的心理表现，大多数人都不同程度地在某些状况下紧张过。

1993 年，布拉斯金—戈德林调查公司做了一项调查。调查结果表明，有45%的人当众讲话就会出现紧张的情绪。另外，亚特兰大行为研究院的罗纳德·塞弗特所做的研究也表明："有4000万美国人不喜欢发言，他们宁愿做其他任何事也不愿意当众讲话。而且，多达4000万人在讲话时无法摆脱焦虑和紧张。"所以，你如果以为只有你自己害怕讲话，那么，尽可以放心，很多人和你一样。可以毫不夸张地说，人人都可能在说话前后或说话过程中出现紧张的情绪：性格内向、沉默寡言者如此，天性活泼、思想活跃者如此，即便演说专家、能言善辩者也不例外。

那么，我们如何应对紧张情绪呢？

当你特别紧张时，不妨面带微笑，笑对于全身的紧张状态有很好的缓解作用。研究表明，当人们微笑时，大脑接收的信息通常是积极的，并且能使身体处于放松和满足状态；当人们处在焦虑和恐惧中时，微笑也能产生同样的效果。无论你是否意识到微笑对缓解紧张情绪所起到的作用，这种"人为的"努力，表明了大脑在毫不怀疑其真实性的情况下对外部信息做出了积极有效的反应。

另外，微笑是一个人充满信心的表现，它和人的自信心相互促进，自信心使人面带微笑，微笑使人更加充满信心。因此，在紧张的时候，学会微笑，能够有效地克服紧张情绪，增强自信心。

有这样一个女孩，一到公众场合就紧张得要命，说话还会有些结巴。但她有一个习惯，那就是无论遇到什么事她的脸上总会呈现出灿烂的微笑，也是这灿烂的微笑陪她度过了一生。

那一年，女孩所在的学校组织演讲比赛，女孩特别喜欢演讲，于是便报了名。女孩经过不懈努力终于进入了决赛，她高兴极了，便把妈妈也邀请了过来。轮到女孩上场了，看到台下众多的观众，她突然十分紧张，刚开口，就出现了结巴的情况。台下的人开始骚动起来，有人嘲笑女孩，甚至有人冷嘲热讽。最后就连神情严肃的评委也有些不耐烦了。女孩的妈妈生怕女儿会承受不住别人的讽刺，便小声抽泣了起来。但台上的女孩不但没有气馁，经过一番调整后，反而面带微笑并自信地说了一句："我……相信……自己的……能……力，请大家也要……相信……我……好吗？"这一番话，让台下的人渐渐安静了下来，女孩也逐渐地摆脱了紧张的情绪，开始了她的正式演讲。每个人都很用心地聆听女孩的演讲，最后评委也给了女孩高度评价。演讲结束后，台下响起了雷鸣般的掌声。

二十年后，女孩成了一名家喻户晓的主持人，同时也克服了一紧张就口吃的毛病。当有人问女孩成功的秘诀时，女孩的脸上又出现那令人熟悉的自信的微笑，她轻轻地说了一句："什么时候都要有自信的微笑！"

由此可见，对有紧张情绪的人来说，微笑是很重要的。自信的微笑来源于内心的力量，是对自己的一种肯定，一种鼓励，同时也是在暗示自己"我很好，我能行"。所以，微笑在社交中的作用不能小觑。在与人交流的时候，如果你以微笑的态度出现在别人面前，即使内心紧张他人也可能看不出来。

神采飞扬，良好的精神面貌助你一臂之力

良好的精神面貌如同一块有力的磁石，像鲜花吸引蝴蝶一样，能把他人吸引到自己身边来。在人际交往中，良好的精神面貌会给对方留下深刻美好的印象，容易建立起友谊，获得对方的信任，达到社交的目的。

塞克斯是一家公司的销售员。凭着对销售工作的无限热情及良好的精神面貌，他叩开了无数经销商紧闭的大门。有一次，他路过一家商场，进门后先向店员表示了问候，然后就与他们聊起天来。通过闲聊，他了解到这家商场有许多不错的条件，于是想将自己的产品推销给他们，但却遭到了商场经理的严厉拒绝。经理直言不讳地说："如果进了你们的货，我们是会亏损的。"塞克斯试图说服经理，但磨破嘴皮都无济于事，最后只好十分沮丧地离开了。他驾着车在街上溜达了

几圈后决定重返商场。当他重新来到商场门口时，商场经理竟满面堆笑地迎上前，不等他说话，经理马上决定订购一批产品。

塞克斯被这突如其来的情形搞懵了，他不知道这是怎么回事，最后商场经理说出了缘由。他告诉塞克斯，一般的销售人员到商场来很少与营业员聊天，而塞克斯首先与营业员聊天，并且聊得那么融洽；同时，被他拒绝后又重新回到商场来的销售人员，塞克斯是第一位，他的热情感染了经理，他的执着也说服了经理，对于这样的销售人员，经理还有什么理由再拒绝呢？

热情的精神状态是可以互相感染的，如果你始终以最佳的精神面貌出现在人们面前，你的热情就能感染和打动对方。

由此可见，每天保持良好的精神面貌，富有朝气、气势如虹，便容易与人建立良好的关系。热情自信、大度诚实、友好善良，能够建立和谐的人际关系，更好地展示自己，提高个人的吸引力及人际交往水平。

细节决定成败

细节往往因其"小"而容易被人忽视，因其"细"，常常使人感到烦琐，使人不屑一顾。但有时就是这些小事和细节，却是事物发展的关键和突破口，是关系成败的双刃剑。

思想的魅力并不等于语言的魅力。如果你想吸引别人，那么最重要的往往不是你说的内容，而是你如何把它说出来。有一些知名的教授尽管有着丰富的学识，却拙于语言表达，于是，他们的学生们必须拼命坚持才不会在课堂上睡觉。

说话时要注意的细节很多，最重要的是越简明越好，尤其文句不要重叠使用。比如说"为什么"，这样说就能表达清楚了，而有的人却要说"为什么为什么"；答应别人一件事，说一个"好"字已经够了，但有些人却爱说"好好好好……"；说"再见"就可以了，非要说"再见再见"。其实，重复说话，除非是为了引人注意，或加强语言的力量，否则是不合适的。

说话时一些口头禅也应该避免。当一句话成为口头禅时，你就很容易被它束缚，以致无论你想说什么，不管是否适用，都会脱口而出。

另外，粗俗的语言不可取，太深奥的词也不可多用，除非你是和一个学者讨论学术问题。满口新名词，即使用得恰当，也是不大好的。

说话的目的在于使人了解全部内容，行为过多就是画蛇添足。说话时声音要清楚，快慢要适度。说一句，就让人家听懂一句，不必再问你，因为，陌生的人有时不便一再请你重复。

成也细节，败也细节，细节就好像是转动链条上的扣环，是千里钢轨上的铆钉。说话一定要注意细节，如此才能让你言谈自如，挥洒有度。

说话要直奔主题

说话要直入核心，直切要害，不要兜无谓的圈子、含含糊糊表达不明确。没有"赘肉"的语言，才能精确、到位，言简意赅。所以，说话不能啰唆，啰唆的人一定要给你的语言"减减肥"，最好直奔主题。

有个记者，笔是随身工具，一日不可或缺。有一次，她托一位同事买圆珠笔，再三嘱咐那位同事："不要黑色的，记住，我不喜欢黑色，千万不要忘记呀，12 支，全不要黑色。"

次日，同事把笔交给她时，12 支，全是黑的！同事振振有词地说："你一再强调黑的，黑的。忙了一天，昏沉沉地走进商场时，我脑子中只有印象最深的两个字：黑色，于是只找黑的买。"

这个记者哑口无言。如果她言简意赅地说："请帮我买 12 支笔，全要蓝色的。"如此，相信同事就不会买错了。

所以，说话的时候应言简意赅，直奔主题。

心中有杆秤——自我评估口才

你的口才怎么样？要心中有杆秤，对自己评估一下。比如说，可以从这些方面评估：表达是否婉转？话题是否恰到好处？言谈是否中肯、是否把握住了要领？口齿是否清晰？说话是否不犯唠叨琐碎的毛病？音量是否大小适度、说话速度是否不急不缓、话中是否不带口头禅？说话是否简洁有力？措辞是否恰如其分、不卑不亢？话中是否带多余连接词？说话是否真实具体？说话的目的是否能充分表达？言谈时是否能设身处地地为对方着想？说话时是否心无旁骛、专心一致？说话中是否含有自我吹嘘的成分？是否经常一个人滔滔不绝地说个不停？有没有无心说出伤人的话语？与人寒暄客套是否得体？是否能巧妙掌握说话契机？

这样多反思，就会了解自己的口才有哪些需要完善，从而锻炼口才，使口才能力更上一层楼。

在行动中提升口才能力

现实生活中，很多人只把提升口才能力的想法停留在空想的世界中，而不落实到具体的行动中，于是常常是竹篮打水一场空。再美好的梦想与愿望，如果不能尽快在行动中落实，最终只能是纸上谈兵。因此，你要想拥有好口才，就应该不断努力，在实践中提升口才水平。

英国戏剧大师萧伯纳的口才是有口皆碑的。但是，他年轻时却胆小木讷，拜访朋友都不敢敲门，常常"在门口徘徊20多分钟"而怯于开口。后来，他鼓起勇气参加了"辩论学会"，不放过一切机会和对手争辩。他练习胆量，练习说话，千锤百炼终于成为演讲大师。他的演说，他的妙对，传诵至今。有人问他是怎么练习口才的，他这样说："我是用自己学溜冰的办法来做的——我固执地、一味地让自己出丑，直到我习以为常。"

练习口才，必须树雄心，立壮志，潜心练习，不断提高说话的技巧。人人都可以在不同程度上掌握说话的技巧，关键是你愿不愿意努力练习。如果你还是不行动，口才不好仍然是你获得成功的障碍，每次人前说话就紧张，每次沟通都不到位，每次发言大脑都一片空白……这个沉重的包袱，如果你已经背了三年、五年、十年，你还要背多久？

请你立即行动，给自己一个承诺，对自己负起责任，勇敢地站起来挑战以前的"不可能"，勇敢地去面对自己在人前讲话时紧张这件事情！拥有自信心，练就充满魅力的口才，你的沟通能力将倍增，你的人生因此将更加精彩！

多说多练口才好

语言依存于社会，随社会的产生而产生、发展而发展。所以如果你想拥有好口才，就要投入到实践中，多说多练是最重要的。

1920 年，在印度加尔各答附近的一个山村里，人们发现了两个由狼抚育过的女孩。她们刚被发现的时候，生活习性与狼一样，而且不会讲话，每到午夜后就像狼一样引颈长嚎。后来，她们中年龄较小的去世了，年龄较大的活了下来，在接受了漫长而艰辛的七年教化后，她才掌握 45 个词，勉强地学会了几句话。因此，科学家指出，言语能力并非人的本能，而是后天社会实践和劳动的产物。狼孩儿虽然具备了开口说话的生理基础（如发音系统等），但她没有学习说话的语言环境，所以也就无法像正常人一样开口讲话，更谈不上拥有好的口才了。

由此可见，练习口才，必须有一个特定环境，有与你交往的人群。只有多接触这个社会，多与人交往，才可以更好地锻炼自己的口才。如果只是一个人闭门造车，便无法练就好口才。交际场，是磨炼一个人口才的最好场所。

在日常工作、学习、生活中，不要放过任何一次公开讲话的机会，如和别人聊天、在人前讲话和寒暄、大会发言、交谈、辩论、演讲比赛等。我们要充分利用这些机会锻炼自己的口才，提高语言的表达能力。俗话说，"操千曲而后知音，观千剑而后识器"，讲的就是持之以恒地实践而终能成才的道理。

实践出口才，好口才是在现实生活中磨炼出来的。只有多参加社会实践，并且在实践中不断总结经验和教训，才能拥有良好的口才。

说话的机会随处都有，如果有可能，你不妨参加一个社会组织，主动寻找并志愿从事需要你讲话的工作。在公众聚会时，你要善于表现自己，使自己"出个头"。在参加各种会议时，千万别拘谨，要洒脱一些。另外，还可以适当参加相应的团体活动以及各种聚会。我们只要多留心周围的事情，便会发现，生活中有很多锻炼口才的机会。如果我们不去主动地开口说话，并且抓住一切机会练习，我们很难有进步，也永远不知道自己会进步到何种程度。所以，如果你想要拥有一副好口才、要干一番大事业，必须经历社会的磨炼，拥有坚强的意志和不服输的劲头，如此方能成功。

学识丰富，才能"伶牙俐齿"

人的口才不是天生的，"台上一分钟，台下十年功"，这里所说的"十年功"，很大程度是指平时的学习和积累。如果不注意平时的学习和积累，就可能会出现"书到用时方恨少"的窘境。"工欲善其事，必先利其器。"这虽是一句老话，但至今仍然适用。

李俊平时的业余爱好就是搜集各种信息、阅读各种书籍，无论什么类型的书他都喜欢看一些，就连佛经、周易等一些玄妙、深奥的书籍，他也会偶尔读读。这些书籍极大地开阔了他的视野，也让他了解了各方面的知识，所以当他说话时通常会旁征博引，说得头头是道，令人信服。

相比之下，他的同学高华却认为看书、搜集信息是浪费时间，只要反应快、会说话就可以了。

在一次辩论赛上，两人意外地被分配到了不同的队里。作为双方的辩手，他们展开了激烈的辩论。李俊因为学识渊博，辩论起来很有说服力，而高华却只能做一些诡辩。在李俊的猛烈攻势下，他被反驳得哑口无言，只能乖乖认输。

由此可见，生活中我们要多注意搜集有价值的信息并加以学习，这些信息是人生中宝贵的资源，人只有学会为自己"投资"，为自己"充电"，不断丰富自身的知识，勤于学习，善于学习，并且终身学习，才能成为说话和沟通的高手，为口才添色增辉。

即席发言，思维先行

在很多社交场合，我们常常会遇到展示口才的机会。如果你是一位善辞令、善言谈的"老手"，那与人交际是不成问题的，但如果你是一位不善辞令、害怕在众人面前讲话的"面人"，那也不必紧张、不必回避，要敢于拿出你的全部热情和胆量来，针对不同场合、不同对象，说出能完全表达你的思想、意见或真情实感的精彩语言来。

何为快速思维

快速思维主要表现为：三"定"、四"思"、五"借"。

三"定"：定话题、定观点、定框架。

定话题即选择你想说的、观众想听的、你能讲的、社会生活中需要的话题。

定观点即确立明确精炼、正确深刻、为大家所能接受的、言之有理的观点。

定框架有两种模式：开门见山式，也叫金字塔式，方法为：先亮出主题，然后对主题做较详细的论证和分析说明；曲径通幽式，也称为卡耐基的"魔术公式"，方法为：先举例，再叙主旨要点，然后说理由，进行论证分析。

四"思"：逆向思维、纵深思维、发散思维、综合思维。

逆向思维，是指从反方向思考问题，即针对传统看法，提出与之相对或相反的观点。这是一种反弹琵琶式的思维模式，要注意观点必须持之有据，能够自圆其说。

纵深思维，是指从一般人认为不值得一谈的小事，或无须作进一步探讨的定论中，发现更深一层的被现象掩盖着的事物本质，即"透过现象看本质"。

发散思维，是指从同一问题中得出各种各样的为数众多的答案，在处理问题时寻找多种多样的正确途径。多端、灵活、精细、新颖是这种思维方式的特点。

综合思维，是指前面三种思维方式的综合运用。事实上，我们在思考问题时，一般情况都是将各种思维方式综合在一起使用。

五"借"：借题发挥、借人发挥、借物发挥、借事发挥、借景发挥。其实，可"借"的东西很多，五"借"是泛指。它要求人要善于观察，获取信息。

快速思维即快速组织语言，实际上就是一个快速创作、打腹稿的过程。人要想拥有好口才，需要掌握快速思维的技巧，因为发言的即时性决定了发言者必须具有较强的快速思维能力。

快速思维通常分为以下几个步骤：观察——抓话题——定语点——扩展语点（组织语言）——语序的排列——表达。快速思维有很多技巧和方法，下面这些技巧十分适用：

1. 学会快速组合

发言者由于在现场没有多余的时间去准备，因而必须尽快地选定主题，然后将平常积累的相关资料围绕着主题，边讲边考虑。

2. 学会抓触点

所谓触点，就是能够由此生发出事或物。发言者因事起兴，找到了触点就找到了起兴的由头，就能够有话可说。从由头渐渐地边考虑边说下去，就容易打开思绪。

3. 做到言简意赅

紧紧抓住主题，围绕主题选材，组织构造，争取做到言有尽而意无穷，令人信服。

语言表达技巧

有良好的语言表达能力的人能清楚阐明自己的观点及所依据的理由。那种模棱两可、含混不清、词不达意、空话连篇、不着边际的语言表达方式是大忌。每个人都可以练就和拥有好口才，所用的方式因人而异，不一而足，大致可以分为以下几种：

1. 用"使人知"的表达方式拥有好口才

这是一种以传达信息、阐明事理为主的方法。目的在于使人知道、明白你所说的话。如美学家朱光潜在一篇《谈作文》中，讲了作文前的准备、文章体裁、构思、选材等，使听众了解了作文的相关知识。它的特点是知识性强，语言准确。

2. 用"使人信"的表达方式拥有好口才

这种方法的主要目的是使人信赖、相信。它从"使人知"的表达方式发展而来。它的特点是说话观点独到、正确，论据翔实、确凿，论证合理、严密。

3. 用"使人乐"的表达方式拥有好口才

这是一种以活跃气氛、调节情绪、使人快乐为主要目的的方法，多以幽默、笑话或调侃为材料，一般常出现在喜庆的场合。这种方法的特点是材料幽默，语言诙谐。

说话要有逻辑性

语言的逻辑性，与思维的逻辑性相关。思虑周密才能中心明确，紊而不乱，要言不烦，说话才能有集中性、连续性和条理性等特征。人在说话时要确定合理的思路，围绕中心话题，条理清晰，从结构上注意使用必要的过渡和前后照应。因为，说话过程中如果不注意思维的逻辑性，就不能掌握住语句连贯的技巧，就无法提高自己的说话水平。

人要使自己说出的话逻辑性强，就要做到：有一定的目的性、有条有理、表达意思要层层递进。

说话要有一定的目的性，谈话目的决定了谈话的中心意思。说话要前后相关联，句子要有合理的顺序排列，每句话之间有着自然的联系，不可扯东扯西，更不能语无伦次，要一句接着一句，顺畅地表达所讲的内容。

语言的逻辑性更强调说话要有条理，怎样才能做到条分缕析、言之有序呢？通常可以把掌握的信息编排一下次序，按一件事的发展顺序叙述。比如说家里发生的一件事，可以先说在什么时间什么地点发生了一件什么事，再按开始怎样、结果怎样的顺序叙述，让人听清楚，听明白，如果语无伦次，东一句西一句，就会表达混乱。

处处留心皆学问

生活中，只要我们处处多留心、事事多上心、时时多用心，就能从生活中收获不少知识。

有这样一则故事：

一个阿拉伯人在沙漠里与骑骆驼的同伴失散了，他找了整整一天也没有找到。傍晚，他遇到了一个人。阿拉伯人问那人是否见过他失踪的同伴和骆驼。

"你的同伴不仅是胖子，而且是跛子，对吗？"那人问，"他手里是不是拿一根棍子？他的骆驼只有一只眼，驮着枣儿，是吗？"

阿拉伯人高兴地回答说："对！对！这就是我的同伴和他的骆驼。你是什么时候看见的？他往哪个方向走了？"

那人回答说："我没有看见他。"

阿拉伯人生气地说："你刚才详细地说出了我的同伴和骆驼的样子，现在怎么又说没有见到过呢？"

"我没有骗你，我确实没有看见过他。"那人平静地说，"不过，我还知道，他在这棵棕榈树下休息了好长时间，然后向其他方向走了。这一切发生在三个小时前。"

"你既然没有看见过他，那么，这一切又是怎么知道的呢？"阿拉伯人奇怪地问道。

"我是从他的脚印上看出来的。你看这个人的脚印：左脚印比右脚印大且深，这不是说明，走过这里的人是个跛子吗？现在再比一比他和我的脚印，你会发现，他的脚印比我的深，这不是表明他比我胖吗？你看，骆驼只吃它身体右边的草，这就说明，骆驼只有一只眼，它只能看到路的一边。你看，这些蚂蚁都聚在一起，难道你没有看清它们都在吸吮枣汁吗？"那个人说。

"你怎么确定他是在三个小时前离开这里的呢？"

那人解释说："你看棕榈树的影子。在这样的大热天，你总不会认为一个人不想凉快而坐在太阳下面暴晒吧！所以，可以肯定，你的同伴曾经在树荫下休息过，并且可以推算出，阴影从他躺下的地方移到现在我们站的地方，需要三个小时左右。"

听罢之后，阿拉伯人急忙朝那人所指的方向去找，果然找到了他的同伴。事实证明，那人说的一切都是正确的。

由此可见，只要融入生活、观察生活、体验生活，做生活的有心人和细心人，就能学到很多知识。提升口才能力也是如此。你只需要留心观察，就能从一些细小的地方、平常的事情中获得提升口才的技巧。

俗话说："处处留心皆学问。"人一定要多观察、多反思，并从中有所感悟，善于从身边人的说话方式和技巧中汲取营养并加以学习，积累很多有用的材料，如此一来，说话时便言之有物、言之有据，从而慢慢地成为一个能以理服人的说话高手。

积累经验，提升随机应变能力

应变能力是即席发言及演讲时应当具有的基本能力之一。随机应变是指一个人在遇到自己没有遇到过的情况或没有思想准备的情况下正确处理事情的能力，也就是指一个人灵活处理问题的能力。在与人交往中，人们常常会遇到意想不到的情况或意外，必须迅速做出反应，快速说出适合于新情况的得体的话。这就要求每个人在日常口才训练中要进行必要的"应变"训练。这种"应变"，有时将关系着一个人的命运或一项事业的成败。

有一家旅馆，上司测试三名男性应试者，问道："假如你无意推开房门，看见女房客正在淋浴，而她也看见你了，这时，你该怎么办？"

甲答："说声'对不起'，然后关门退出。"这个回答没有称呼，虽简洁，但不符合侍者的职业要求，而且也没能使双方摆脱窘境。

乙答："说声'对不起，小姐'，然后关门退出。"这个称呼准确，但不合适，反而加深了女房客的窘迫感。

丙答："说声'对不起，先生'，然后关门退出。"

结果，丙被录用了。为什么呢？因为他这种故意"误会"的说法，维护了女房客的体面，非常得体、机智，表现出一个侍者应该具有的职业素质和应变能力。

人要懂得随机应变，这样才能把握住机会，变危机为转机，转难为易，若不知道随机应变，则往往会碰得鼻青脸肿，头破血流。所以，在人际交往中要学会随机应变。随机应变不仅要快速，还应表达巧妙，使人听后或读后感到机智幽默，巧妙无比，拍手叫绝，回味无穷。

那么，怎样提高自己的语言应变能力呢？

1. 多参加富有挑战性的活动

参加有挑战性的实践活动，会遇到各种各样的问题和困难，努力去解决问题和克服困难的过程，就是增强自身的应变能力的过程。

2. 加强自身的修养

一个人如果有着良好的自身修养，对各种事物都有所了解和掌握，再加上语言表达方式灵活，词汇丰富，那么讲起话来一定会得心应手，应对时也能做到游刃有余，应付自如。

3. 扩大个人的交往范围

无论家庭、学校还是小团体，都是社会的一个缩影，在这些相对较小的范围内，我们可能会遇到各种问题需要随机应变。因此，只有先学会应对各种各样的人，才能应付各种复杂环境；只有提高自己在较小范围内的应变能力，才能应付更为复杂的社会问题。实际上，扩大自己的社交范围，也是一个不断实践的过程。在与形形色色的人交往的过程中，便是锻炼自己口才的最佳良机。

谈话收尾的方式

谈话讲究有头有尾，不能戛然而止或者喋喋不休，同时还要重视礼节，话收尾收得好，会余韵犹存，让人感觉备感亲切和恰到好处，从而有助于日后关系融洽，对事业和工作十分有益。

1. 关照式收尾

这种收尾方式，是交谈双方表达完了自己的思想、意见或流露了某些内心意向之后，觉得谈话中的有些话和问题带有范围性、对象性、保密性和重点性，当交谈即将结束时，就关照对方不要将其中的某些话张扬出去，或关照哪些问题是重点。

这种关照式收尾，有一种引起对方注意、防患于未然和强调重点的作用，能使交谈的对方增进了解和增强使命感、责任感。

例如：

"刚才我讲的一些话，是一些不成熟的看法，我觉得不必让他人知道，请你不要传出去，以免引起麻烦……"

"小张，我要讲的都讲了，全是心里话。有关小王的事你千万不要告诉别人，不然会闹出大乱子来的。"

2. 征询式收尾

征询式收尾往往给人留下谦逊大度、仔细周到和深沉老成的印象。运用征询式收尾，对方听了会有心悦诚服、备感亲切、心心相印的感觉，从而促进关系融洽，有利于促进事业发展。

这种收尾指交谈即将完毕，主谈者根据自己的"谈话使命"综合"交谈情况"向对方征求意见、说明、要求或建设性的忠告、劝诫，等等。

例如：

"××，随着我们接触增多和了解深入，你一定察觉出我有许多缺点，你觉得我最糟糕的'毛病'是什么？希望你下次开诚布公地提出来。"

"××，我不懂得'恋爱艺术'，我只想对你说一句话，在你面前的这个人，他愿意爱你一辈子，不知你的想法怎样？"

"你还有别的要求和意见吗？"

"你生活上还有困难和要求吗？只要有可能，我们将尽力帮助你解决……"

"除了工作之外，你对我还有其他意见和看法吗？如果现在想不起来，日后尽管提，我是不会计较别人对我提意见的方式的……"

3. 道谢式收尾

道谢式收尾，在交谈艺术中具有较强的礼节性，它的基本特征是用"客气话"作为交谈的结束语和告别话。道谢式收尾适用的场景和对象是最广泛的，无论是上下级、同事、亲朋，还是熟人、邻舍以及陌生人之间，都是适宜的。

例如：

"听君一席话，胜读十年书。"

"你对我学习上的帮助和生活上的关怀，我感激不已。"

"赵先生，在您的悉心指导下，我明白了自己的责任，我一定按照您的指教去做。谢谢您了，再见！"

4. 祝愿式收尾

这种收尾方式，不仅具有较强的礼节性和情趣性，而且还具有极大的鼓动性，如再加上适当的口语修辞，它的效果无疑会非常显著。例如：

"再见吧，路上保重。祝你一帆风顺！"

"时间不等人，生活就是拼搏，抓紧时间抓紧干，就等于延长生命。我祝愿你是这样一个人，再见！"

"一个伟大的男子就应该具有不凡的气概。只有经得起磨难，才能磨砺出刚强的锋芒……让我们都成为这样的男子吧！再见！"

5. 归纳式收尾

这种收尾通常用于上下级之间非形式性的交谈，或同志间、亲朋间工作性交谈。

例如：

主谈者："小马，我今天谈的主要问题，一是咱们团委对新形势下出现的一些问题如何做出正确的估计和怎样引导、转化；二是关于共青团发展工作的经验，我们得好好总结一下。这是局团委要求我们马上做的两件事，我事先同你打个招呼，我们都考虑一下……"

"丁明，听了你的情况介绍后，我觉得解决问题的关键是第一点，我们要做他人的思想工作，如能统一人心，其他问题也就迎刃而解了……"

"表弟，我刚才谈的三件事，你一定得一件件去落实，我等着你成功的喜讯，再见。"

归纳式收尾，由于条理清晰，中心突出，重心再现，这样对方交谈的目的和内容、双方的思想和意见就能清楚交流，收到言简意赅、重点突出、明朗爽快的效果。

6. 邀请式收尾

这种收尾的基本特征是运用社交手段向对方发出礼节性邀请或正式邀请，前者的效用体现了"客套式"所需的礼仪；后者则表现了友谊的生命力。

例如：

"客套式"邀请："如果您下次路过北京，请到我们家来做客。再见！"

正式邀请："今天我们就说到这里吧，后天下午 5 点钟请你到我们家吃顿便饭，那时我们再长谈吧。再见！"

上述这两种邀请式收尾语，在社会交际中都是必不可少的。"客套式"邀请也是一种礼节；正式邀请更是一种友好和友谊的表示。运用这些结束语，符合社交礼仪。

　　结束交谈的表达方法多种多样，只要我们能够驾驭情境，正确审视对象，选择得当的话语，交谈结束时，不仅会非常得体、有趣，而且还会余韵犹存，感人至深。

善用声音的魅力，为好口才增色

讲话是要把声音送到人家耳朵里，要让人听得清楚，还要充满感情。如果能够有效运用声音的魅力，让自己说话如音乐般美妙，高低有致、抑扬顿挫，充满节奏感，一定能为自己的口才增色不少。

亲切随和的态度令口才生辉

在与他人交谈时，一个人的语言是否能打动人，态度是否随和，交谈能否给人一种舒服愉快的感觉，都将影响交谈的效果！

与人初次见面，在相交甚浅、相知甚少的情况下，要想消除彼此之间的陌生感，拉近彼此之间的距离，就必须尽快表现出你的友好和随和，让对方乐于接受并对你产生亲切感，从而提升交谈的融洽程度。如果在社交活动中，我们主动寻找一些双方共同感兴趣的话题，就可以在无形中消除双方之间的陌生感。能不能找到话题，主动地与对方搭上话，比会不会讲话更重要，它能让人感觉到你的主动大方、友好亲切的和蔼态度。

对方或许会因你一句简单的问候而感到亲切，由此加深彼此之间的亲密程度。可能有人担心自己不善言辞，生怕会因此受到冷落，所以干脆沉默。其实这种担心完全没有必要，能不能让对方感到友好亲切，并不完全取决于谈话的内容，主动热情地与之攀谈，这本身就能感动对方。

一位很有成就并且风度翩翩的男士，非常了解女性心理。他与女性朋友约会时，总是说："你要回家，还是去吃夜宵？"他绝不会说："你要去吃夜宵，还是回家？"因为他知道，当女性听到"你要回家吗"这句话就会有安全感，但同时也会有轻微的失望感。因为，她潜意识里可能会期待对方有别的提议，这时，再添上一句"还是要去吃夜宵"，刹那间，失望感全失，她就可能会欣然地接受邀请。

若是他的头一句话就问"你要去吃夜宵吗？"对方可能就会有警戒心。他接着再说："还是要回家？"大部分女性都不好意思再说"我愿意去吃夜宵"。因此，应该像上面的这位男士那样，提出两种方案让对方选择，既尊重对方又能达到自己的目的。

在与人交谈时，有多种方式可以表现出自己亲切随和的态度。如：寻找并强调双方的共同点，会让人感到友好亲切。人们往往有这样的心理倾向：初次见面时，如果在对方身上找到了与自己的共同点，就能够消除因陌生而引起的紧张情绪，使双方都能产生亲切感。这里的共同点可以是家乡、共同的朋友、性别、年龄、孩子和工作等生活中的任何细微之处。

只要我们用一颗友爱的心去关心他人，以亲切随和的态度去对待生活中的每一个人、每一件事，我们的生活就会充满鲜花与喜悦。

说话要令人舒服悦耳

交谈时恰到好处地使用令人舒服悦耳的语气，不仅能充分地表达说话者的意图和情感，还能使说话的内容形象生动、风趣有味、充满艺术感染力。

交谈是人们之间交流信息、传情达意、了解他人的一个直接而重要的工具。人的思想感情、理想及行为能用语言表达出来，但是内心感情与思想活动能否让他人很好地接受，这就要看你说话时表达的语气能否让人感到悦耳与亲切，说话的声音能否给人一种舒服的感觉。

恰到好处地使用声和气，不仅能充分地表达说话者的意图和情感，还能使说的话形象生动、风趣有味、充满艺术感染力。在电影《人到中年》有一段傅家杰和陆文婷在恋爱中的对话：

"你喜欢诗吗?"傅家杰问陆文婷。

"我? 我不懂诗，也很少念诗。"陆文婷略带嘲讽地说："我们眼科医生做手术，一针一线都严格得很，不能有半点儿幻想。"

"不，你的工作就是一首最美的诗。"傅家杰打断她的话，热切地说，"你使千千万万人重见光明。"

我们可以看出，开始时，傅家杰以"诗"为话题与姑娘交谈，没想到产生了揭短之嫌。姑娘用嘲讽的口吻反击了他，眼看交谈就要受阻，傅家杰立即抛开姑娘不懂诗的问题，转而真诚而又热切地对她的工作进行赞美。仅仅一句话就消除了两人之间的隔阂，拉近了双方的距离，赢得了姑娘的好感，最终也赢得了姑娘的芳心。

吐字要"上口"，发声要"入耳"

说话时对吐字和发声最基本的要求是"上口"和"入耳"。所谓"上口"，就是讲起来通达流利。所谓"入耳"，就是听起来非常顺畅，没有什么语言障碍，不会发生曲解。

吐字时嗓音洪亮、准确清晰是好口才最基本的要求。体育节目解说专家宋世雄，他的解说就体现了吐字准确清晰的"快"的功夫。宋世雄解说的"快"，是快而不乱，每个字、每个音都发得十分清楚、准确，没有含混不清的地方。

那么，如何在发音中吐清字呢？

发声时一定要咬住每个字的字头。有一句话叫"咬字千斤重，听者自动容"，说的就是这个意思。我们在发音时，一定要紧紧咬住字头，这时嘴唇一定要有力，把发音的力量放在字头上，利用字头带响字腹与字尾。发音一定要饱满、充实，口形要准确。发出的声音应该是立着的，而不是横着的；应该是圆的，而不是扁的。这样才能让自己的声音听起来清脆悦耳，干净利落。

说话除了要吐清字，另一个技巧就是会用气息。气息是人体发声的动力，就像汽车上的发动机，它是发声的基础。气息的大小与发声有着直接的关系。气不足，声音无力；用力过猛，又有损声带。所以，我们要想口才好，必须运用好声音，注意练声。练声首先就要学会用好气息，会换气。要注意以下要领：

1. 学习吸气与呼气的基本方法，时常做深呼吸

吸气时要吸得深，小腹收缩，整个胸部要撑开，尽量把更多的气吸进去，吸气时不要提肩。

呼气时要慢慢地进行，让气慢慢地呼出。朗诵、论辩时，有时需要较长的气息，那么只有呼气时慢而长，才能达到这个目的。呼气时

可以把两齿基本合上，留一条小缝让气息慢慢地通过。

此外，用好气息也不要有"喝气"声。"喝气"声是用口吸气造成的。这样会导致舌面干燥，冷气刺激声带，声带湿润度降低，影响声音质量。

2. 换气要找准"气口儿"

"气口儿"是最佳换气处。方法是：话出口前急速吸气，把握好吸气与话出口的"时间差"，这样气流才显得充沛有力。这种救"燃眉之急"的换气不易被人觉察，所以又称"偷气"。但要注意，不要边说话边换气。

3. 换气时不要"端肩"

胸廓的第一对肋骨是呼吸动作的支点，吸气时如果两肩耸起，第一对肋骨位置就会上移，胸腔内部会感到空虚，发声就虚软，而且"端肩"姿态也不好看。

应该有目的地多做一些这样的练习：深吸一口气；数数，看能数多少；朗读一段较长的文章，尽量避免喘气声。

在说话时，我们可以适当地把长句改成短句；把倒装句改为常规句；把听不明白的文言词语、成语加以改换或删去；把单音节词换成双音节词；把生僻的词换成常用的词；把容易误听的词换成不易误听的词……这样，才能保证在讲话时字字句句朗朗上口，让别人听起来清楚明白。

语调要有抑扬顿挫的变化

说话时除了要注意声音和气息的训练，声调的抑扬顿挫也很重要，这些因素构成了丰富的语调。常用的语调有三种：

1. 上扬调

声音由低而高，一般用来表示惊讶、反问、号召、鼓动、意犹未尽等，以此来引起人们的注意。

2. 下扬调

声调由高至低逐渐下降，一般用来表示自然、肯定、祈使和话语结束等。

3. 平直调

声调从头到尾比较平稳，变化不大。一般用来叙述、说明、解释，表达庄重、严肃、悲痛等情绪。

说话时，只有使音调的高低随意而变，随情而变，才能造就最佳的谈话效果。语调运用时必须投入真情实感，否则容易给人一种矫揉造作的感觉，会适得其反。为了更有效地表达思想感情，说话时就要对语言做高低抑扬的变化处理，既不能一味地高，破嗓裂喉；也不能一味地低，有气无力。一般说来，高音为升调，即句子调值由低到高，句尾发音往往最高，一般用于疑问句；低音为降调，即句子调值由高到低，句尾发音往往最低，一般用于陈述句、祈使句和感叹句。

说话时声音不仅要有高低变化，而且要有停顿变化。所谓停顿就是指说话时的间歇，使停顿变为一种表达艺术，能更有效地表达思想感情。

因此，平时我们说话时应做到，一是要句式短，句型灵活，节奏感强；二是要多用那些音节流畅、直接性和渗透性好、表述庄重、简洁明确的口语词汇，尽量少用专门术语。

重音是与停顿、发音速度和声调抑扬一块儿使用的，重音不同，表达的效果也各异：

1. 明快型

说话时感情脉络平稳，语调变化小，语气平和，语速中速或稍慢，重音和停顿较少，多用于叙述一件事，说明一个通理。

2. 凝重型

这是抒发沉思、悲伤、激愤的情感所使用的一种节奏，多用于抒情性讲话。

3. 激昂型

这是抒发激昂、喜悦、愤怒、紧张等多种感情时所使用的一种节奏。语调高扬，大起大落，语速快，节奏流畅，音色明亮，重音与停顿较多。

准确地运用重音是提高说话效果的重要技巧，一般说来，重音的确定还要注意：凡是具有对应关系、表示比较的词语，要读作重音；凡句子中列举的同类词语或排比句中表示排比标志的词语，需重读；文章中起照应、重复作用的词语，要重读。

重读有技巧，重音有魅力

说话中重音的使用还要根据说话的着重点和表达感情的重点而定。某些词语很普通，但由于表达感情的需要，就需要重读。有时也可采用语句的停顿和音调的长短来读出重音。当然，重音的确定不是一成不变的。重音不可确定太多，多了则轻重音显得不明显，反而会影响表达的效果。

有的人说话速度比较快，就像在"爆豆子"，等他说完后，别人还没有反应过来他说的是什么。适当地把话说慢一点儿，发音有轻有重，这样别人会更加愿意倾听你说的话，也会感觉到你所说的每一句话都是发自内心的，是经过慎重考虑才说出来的，让人觉得你会对自己说的话负责任。

一般来说，升调传达着激昂的情绪，如兴奋、愤怒、谴责、疑问等；降调则表达低落的情绪，如悔恨、伤心、失望和郁闷等。

重音在语言表达中有重要作用，说话没有重音，就如一潭死水、索然无味，还会令人抓不住要领，不知所云。

说话时使用重音是与人沟通过程中为实现准确表达而常用的手段。有人做过这样一个实验：

20 个人围成一个圈，随机指定其中一个人为"龙头"，由他想一句话，低声转述给左边一人，此人再向左传，以此类推，等这句话再传回"龙头"耳中时，与他当初说出的那句话早已大相径庭。比方说有这样一句话：

"我"没说她偷了我的钱。（可是有人这么说）

我"没"说她偷了我的钱。（我确实没这么说）

我没"说"她偷了我的钱。（可是我是这么暗示的）

我没说"她"偷了我的钱。（可是有人偷了）

我没说她"偷了"我的钱。（可是她对这钱做了某些事）

我没说她偷了"我"的钱。（她偷了别人的钱）

我没说她偷了我的"钱"。（她偷了别的东西）

从头到尾一字不差的一句话，语气、神态、声调，尤其是重音的位置不一样，意思就完全不同了。

重音的所在，一般也就是讲话者所要突出的重点所在。重音的位置不同，表示的语音和感情色彩也不同。例如，"你听得懂吗?"这个句子，如果"懂"没有加重音，那么只是一般性的询问，如果加重音说出来就变成了反问，并带有轻视的感情色彩。

苏联著名的戏剧家斯坦尼斯拉夫斯基说过："重音就像人的食指，指示着节奏中或句子中最主要的词。"所以，恰当地运用重音，能使你的语言更有魅力。

提升语言的"含金量"

说话者的目的是给听众传达自己的主张，如果整篇发言都是一些没有价值的内容，就无法达到令人"爱听"的效果。因此，说话之前我们必须仔细衡量要表达的内容，提高所说内容的"含金量"。要知道一个话题有没有价值，首先问问自己对它有多少兴趣。

说话要讲究方式方法

面对众多的陌生人，要选择众人关心的事件为话题，把话题对准大家的兴奋中心。人人有话，自然能说个不停，从而引起大家的议论和发言。

与陌生人交谈，要先提一些问题，在对对方略有了解后再有目的地交谈。比如，在参加婚礼时与陌生人坐在一块儿，便可先询问："你和新人是老乡还是同学？"无论对方怎么回答，都可顺利交谈下去。

如果对方有兴趣爱好，循趣发问也能顺利地进入话题。比如，对方喜爱象棋，便可以此为话题，谈下棋的乐趣，谈车、马、炮的运用等。如果你也对下棋略通一二，那肯定谈得投机。即使你对下棋不太了解，静心倾听，适时提问，也可以增强对方对你的好感。

托陌生人办事时，必须在拉近双方距离上下功夫，力求在短时间内对对方了解得多些，使双方的关系融洽起来。孔子说"道不同，不相为谋"，志同道合才能谈得来。

有个成语叫"一见如故"，与陌生人要想谈得投机，要在"故"字上做文章，变陌生为熟悉。比如，见一位陌生人手里拿着一件什么东西，可以问："这是什么？看来你在这方面一定是个行家。正巧我有个问题想向你请教。"对别人的某一方面显出浓厚兴趣，通过媒介物引发他们表露自我，交谈就会顺利进行下去。

交谈是双边活动，光了解对方，不让对方了解自己，同样难以深谈。对方如果能从你"切入式"的谈话中获取教益，双方会更亲近。谈及双方感兴趣的话题，能使一场生硬的谈话变得更有趣，也能使谈话顺利地进行下去，产生事半功倍的效果。

拜访寒暄有讲究

适当的寒暄，勿说对方忌讳之言，乃拜会之关键。

寒暄是一种融洽气氛、缩短心理距离、为进入正题作铺垫的语言技巧。《战国策·触龙说赵太后》中，触龙劝说成功离不了寒暄的铺垫导引之功。一见面就切入主题，尤其是工作性拜访，会显得生硬唐突。

寒暄也是一种用固定的词语进行接触并表示礼貌的谈话方式。它能显示出拜访者的周到、谦恭和有教养。无论是礼节性拜访还是工作性拜访，都不能缺少寒暄。但寒暄过后，不要没完没了地东拉西扯，要适时切入拜访主题，说明来意。比如可以这样说，"我今天来，想向您请教一个问题……"另外，无论是何种拜访，都不能不计时间长短无节制地进行。拜访最适宜的时间是 40 ~ 50 分钟，过短显得应付，过长令人生厌。在双方谈兴最浓的时间内把话说完然后告辞，这样的拜访者是最受欢迎的。

拜访用语的礼貌原则，就是回避禁忌，这是对别人的尊重，不触犯他人的禁忌区域，如此能显示出你的练达老成。在拜访长辈、探望病人时，只需给他们带去轻松的话题，可谈新闻，可谈目前正播放的电视连续剧，谈单位上的新变动，谈些他们愿意了解的东西，使他们感到快乐，并从心里感谢你的拜访与看望，也可以适当地怀旧，让他们回忆从前生龙活虎、精神焕发的年代，让他们获得精神上的愉悦与慰藉，千万不要谈生老病死等令他们伤感的话题。

拜访是交友的基础，因为这可以扩大人与人的横向联系，加深人与人的情感交流，而在这些你所拜访的人当中，就可能存在慧眼识英雄的伯乐。

用对语句巧安抚

当别人情绪低落时，作为朋友要尽量地安抚对方，尤其是下属犯错，受到领导批评后。那么，如何安抚别人呢？

有"经营之神"之称的松下幸之助，以用人技巧而闻名于世。他责骂部下的方式非常巧妙，此中的"巧妙"即责骂后的处理方式。

三洋电器的前副董事长后藤清一在供职松下公司时，因他犯了一个小错误而惹怒了松下。他走进松下的办公室后，只见松下正拿着一把火钳气急败坏地敲打着桌面。当后藤清一被骂得不是滋味，正要悻悻离去时，松下突然说道："等等，刚才因为我太生气了，不小心把

这把火钳弄坏了，麻烦你把它弄直好吗?"

后藤无奈，只好拿了把铁锤拼命敲打，而他的心情也随着敲打声渐趋平稳。当他拿着敲直的火钳交给松下时，松下说："比原来的还好，你真不错!"然后高兴地笑了。

事情发生不久，松下就给后藤的妻子打电话说："今天你先生回去时，可能脸色会很难看，希望你能好好照顾他。"

责骂过后，而以题外的话来称赞对方的方式，是很容易消除反感的。本来，一个人在受到上司的责备后，便想立即辞职不干了，但松下的做法，反而使后藤感动得五体投地，决心更加效忠于公司。

责骂往往会引起别人的反感，而骂人的一方在骂过后，怒气就会慢慢消失，待理性恢复后，就可能会后悔。明知会有这种反应，但如果不责骂就是姑息别人，事情便不会有所改进。所以责骂归责骂，只是在责骂后你要使对方明白你并没有对他失去信赖，这才是最重要的，而这就完全在于责骂后的处理方式了。

人人都会犯错，难免会被批评，重要的是批评者在批评别人后，如果能妥善地安抚对方，对方一定会对你感激涕零，尽心尽力。

另外，选择话题要适当，同样的话语有不同的说法，但是不同的说法在别人听来感觉是不同的，所以在说话的时候要先想清楚自己的话要达到什么效果，再选择适合的语句。

将心比心好沟通

乔·吉拉德被誉为世界上最伟大的推销员，他在15年中卖出了13001辆汽车，并创下一年卖出1425辆(平均每天4辆)车的纪录，这个成绩被收入《吉尼斯世界大全》。你想知道他推销成功的秘诀吗？他讲过这样一个故事：

有一次，一位中年妇女走进我的展销室，说她想在这儿看看车，打发一会儿时间。闲谈中，她告诉我她想买一辆白色的福特车，就和她表姐开的那辆一样，但对面福特车行的推销员让她过一小时后再去，所以她就先来这儿看看。她还说这是她送给自己的生日礼物："今天是我 55 岁生日。"

"生日快乐！夫人。"我一边说，一边请她进来随便看看，接着出去交代了一下，然后回来对她说，"夫人，您喜欢白色车，既然您现在有时间，我给您介绍一下我们的双门轿车——也是白色的。"

我们正谈着，女秘书走了进来，递给我一打玫瑰花。我把花送给那位妇女："祝您长寿，尊敬的夫人。"

显然她很受感动，眼眶都湿了。"已经很久没有人送给我礼物了。"她说，"刚才那位福特推销员一定是看我开了辆旧车，以为我买不起新车，我刚要看车他却说要去收一笔款，于是我就上这儿来等他。其实我只是想要一辆白色的车而已，只不过表姐开的是福特车，我也想买福特。现在想想，不买福特也可以。"

最后她在我这儿买走了一辆白色雪佛兰，并写了张全额支票。

其实从头到尾，乔·吉拉德的言语中都没有劝那位女士放弃福特车的话。只是因为她在这里受到了重视，才放弃了原来的打算，转而选择了乔·吉拉德的产品。

每个人都要和不同的人打交道，沟通方法同样多种多样，与人联络感情、促进关系的提升是会沟通的人最大的财富。

当一位好听众，用心去听听对方的想法与感受，然后坦诚地告诉对方，我们听到了什么，有什么样的感受和想法，这样的交流容易拉近双方距离，取得良好的交谈效果。

谦逊有礼树口碑

一个优秀的人应该谦虚，不高傲，并且做到有追求，能够不断地进步。

安德鲁·卡耐基是美国钢铁大王，他白手起家，既无资本，又没有钢铁专业知识和技术，却成为举世闻名的钢铁巨子，这当中充满着神奇的色彩，使许多人迷惑不解。

有一位记者好不容易才令卡耐基接受采访，他迫不及待地问："您在钢铁事业上取得的成就是公认的，您一定是世界上最伟大的炼钢专家吧？"

卡耐基哈哈大笑地回答："记者先生，您错了，炼钢学识比我强的，光是我们公司，就有两百多位呢！"

记者诧异道："那您怎么成为了钢铁大王？您有什么特殊的本领？"

卡耐基说："因为我知道如何鼓励他们，使他们发挥所长为公司效力。"

确实，卡耐基创立的钢铁事业是靠其一套有效发挥员工所长的办法取得发展的。当初，卡耐基的钢铁厂产量很低。卡耐基果断地以100万美元年薪聘请查理·斯瓦伯为其钢铁厂的总裁。斯瓦伯走马上任后，鼓励上日夜班的工人进行竞赛，这座工厂的生产情况迅速得到改善，产量大大提高，卡耐基也从此逐步走向钢铁大王的宝座。

可见，卡耐基十分聪明。法国哲学家罗西法古说："如果你要得到仇人，就表现得比你的朋友优越吧；如果你要得到朋友，就要让你的朋友表现得比你优越。"

话出口前要思考

说话之前要仔细思考，什么时候应该说哪句话，什么时候绝对不能说哪句话。会说话的人与人交谈时就像烹饪高手做菜，是非常讲究"火候"的。

陈小姐找到了一份在咖啡馆做服务生的工作，没想到第一天上班就被解雇了，就是因为她不小心说了一句不该说的话。那天，陈小姐刚上班，店里就进来了三位客人，她随即拿着酒水单去让这三位客人点餐。第一位客人点的是冰红茶，第二位客人点的是冰咖啡，第三位客人点的也是冰咖啡，但是他特别强调要用干净一点的杯子。

很快，陈小姐将这三位客人所点的饮料，用盘子端了出来，一边朝他们坐着的方向走来，一边还大声地向这三位客人问道："你们谁点的冰咖啡是要用干净一点的杯子……"

只因为这一句话，上司就毫不客气地炒了她的鱿鱼，因为这样说话会被客人误解，认为有的杯子不干净，简直是搬起石头砸自己的脚。

正确的做法是根本就不要问这句话，即使问，也应该到客人的桌子边悄悄地问，无论客人作何反应，都告诉他杯子是干净的。

说话恰到好处时，一句话可能比平时说一千句还有用。如果不讲究方式，不注意场合，虽然是诚恳的话语，也会给自己带来麻烦。

察言观色去"读心"

智者往往善于从交往对象的面部表情来了解其内心的情绪变化，从而恰当地应对；愚者却不善此道，十有八九会把事情弄得很糟，甚至使自己的利益受到损害。

《红楼梦》第三十四回写道，宝玉挨打以后，丫环袭人向王夫人提出了一条建议："如今二爷也大了，里头姑娘们也大了，以后叫二爷搬出园外来住，就好了。"袭人没有想到，这条建议竟然重重地拨动了王夫人的心弦。王夫人不仅对此建议大加赞赏，而且当场暗示，要"提升"袭人。这是为什么呢？王夫人一番感叹透露出个中底细："我的儿！你竟有这个心胸，想得这样周全，我何曾又不想到这里？只是这几次有事就混忘了。你今日这话提醒了我，难为你这样细心。真是好孩子！"原来袭人的话正与王夫人的积虑暗合，说到了王夫人心坎儿上，引发出王夫人内心强烈的共鸣。王夫人于是做出了非同寻常的反应，说："你如今既说了这样的话，我索性就把他交给你了……自然不辜负你。"

袭人的话"投其所好"，与王夫人的想法相合，发挥出了极大的言语效益。平日里袭人善于察言观色，所以说话常合他人的心意。人要通过对方无意中显示出来的态度及姿态了解他的心理，才能捕捉到比语言表露更真实、更微妙的思想。

例如，对方抱着胳膊，表示在思考问题；低头走路，步履沉重，说明他心灰气馁；昂首挺胸，高声交谈，是自信心的流露；抱着头，表明他一筹莫展；有的女性一言不发，揉搓手帕，说明她心中有话，却不知从何说起；真正自信而有实力的人，会探身谦虚地听取别人讲话；而抖动双腿常常是内心不安、苦思对策的举动，若是轻微颤动，就可能是心情悠然。

学会察言观色，留意对方的言行举止，互谅互让，该进则进，该躲则躲，当止即止，就可避免许多不必要的纠纷，求得和睦相处。所以，察言观色能"读心"，并及时地退或进，及时地调整自己的言行，办事的成功率一定会很高。

善捕弦音获信息

在交谈中，通过谈论一些话题可以探知他人的心理，获得准确的信息。

人的种种深层心理会不知不觉地反映在自己的措辞上。因此，即使想做出树立自我形象的行动，通过分析措辞也常常可大体看出这个人的真实形象。因为，正是本人没意识到的措辞特征，比词语的内容更能真实地告诉我们他人自身的情况。如小说《围城》中的张先生，在方鸿渐面前大肆卖弄自己的洋文，以显示自己博学，实际上只反映出其知识的贫乏。

有个人患病，病情渐重，医生说他没有希望了。病人就自己向众神祷告，说如果自己能病好下床的话，一定设百牛祭祀，送礼还愿。这时，他妻子正站在旁边，听他这么一说，便问道："你从哪儿弄这笔钱来还愿呀？"他回答说："你以为神让我病好下床，是为了向我要这些东西吗？"

人有时候心口不一，因此，洞察他人心理是很有学问的技巧。人内心的真实想法，有时会不知不觉从口头流露出来。所以，与别人交谈时，只要我们多留心，就可以从谈话中探知别人的内心世界。

随机应变交际畅

一个善于说话的人，一定是善解人意、机灵乖巧、能了解对方在想什么、需要什么的人。

有些人天生敏感，能轻易地发觉别人的情绪反应。有些人拥有沟通上的优势，因此，与人沟通时就轻松些。有些人善于观察，可以洞察先机，了解对方的想法，就算觉察到对方有不同的意见，心里也有数，可提前有所准备，想好应付的对策。有些人善于针对别人的反应，妥善安排自己的进退，或依照对方的反应，适时给予鼓励赞美，把话说在点子上，说进对方的心坎里。有些人善解人意，发现对方不悦便临时"刹车"，避免沟通不畅，把事情搞砸。还有些人随时留心对方的脸色，指责适可而止，让对方有个台阶下。这样的沟通，一切都掌控在自己的手中，能顺利地达到自己的目的。

乾隆皇帝号称"十全老人"，据说一生写下的诗不下十万首！如果论量不论质，则中国诗坛第一把交椅非此公莫属。

一次，他与文臣纪晓岚一块儿去白龙寺烧香，乾隆听到寺中大钟响起，钟声未歇，他的诗句已出："白龙寺里撞金钟……"纪晓岚一听笑出声来。乾隆马上板起脸说："朕的诗不好吗？你笑得那么开心。"

纪晓岚忙回答："臣想起唐代大诗人李白有句'黄鹤楼中吹玉笛'，千古独步无以为对，如今皇上这一句不正好与之相对么？"乾隆一听，顿时感到很高兴。

会说顺耳话是一种技能，想说顺耳话的时候，要慢半拍，仔细看对方的表情，判断一下自己的话会使对方有什么反应。

传递坏消息的时候最好不要有情绪起伏的声调，也要慢半拍，将消息从容不迫地说出来，千万不能慌慌张张，也不要使用"问题"或"麻烦"等字眼，让他人觉得事情很严重，或担心，或恐惧，认为无法解决。

别人问你你不知道的事时可以说："让我再认真地想一想，稍后给你答复好吗？"当某人问你问题，而你不知该如何作答时，千万不可以说"不知道"，可利用本句型暂时争取时间，不过事后得做足功课，及时交出你的答复。

林语堂曾说："达观的人生观，率直无伪的态度，加上炉火纯青的技巧，再以轻松愉快的方式表达出你的意见，这便是善解人意。"

善解人意，借势而上

善解人意，能够体察到别人的心思，说的话才会让人听起来顺耳，也才会促使人际沟通更为顺畅。

汉高祖刘邦在建国的第五年消灭了项羽，平定了天下，应该论功行赏。在这个时候，群臣互相争功，吵了一年都没有定论。刘邦认为萧何功劳最大，就封萧何为先酇侯，给他的封地也最多。但是群臣心中不服，议论纷纷。

在封赏勉强确定之后，针对席位的高低先后又起了争议，大家都说："平阳侯曹参身受创伤七十余处，而且攻城略地，论功劳，他排第一。"刘邦因为在封赏的时候已经委屈了一些功臣，多封了许多地给萧何，所以在席位上难以再坚持，但心中还是想将萧何排在首位。

这时候关内侯鄂君已经揣摩出刘邦的意图，就挺身上前说道："群臣的决议都错了！曹参虽然有攻城略地的功劳，但这只是一时之功。皇上与楚霸王对抗五年，萧何却源源不断地从关中派兵员填补战线上的漏洞。楚、汉在荥阳对抗了好几年，军中缺粮，都靠萧何转运粮食补给关中，粮饷才不至于匮乏。再说皇上有好几次逃到山东，都是靠萧何保全关中，才能接济皇上，这才是万世之功。如今即使少了一百个曹参，对汉朝有什么影响？我们汉朝也不必靠他来保全啊！为什么你们认为一时之功高过万世之功呢？我主张萧何第一，曹参其次。"刘邦听了，立刻说："好。"于是下令萧何功劳排在第一，可以带剑入殿，上朝时也不必行礼。

后来刘邦说："我听说推荐贤人，应当给予最高的奖赏。萧何虽然功劳最高，但因听了鄂君的话，我才得以更加明确啊！"

人在说话时不能仅仅被动地静观默察，还应该主动出击，采取一定的策略，去激发对方的情绪，如此才能够迅速准确地把握对方的思想脉络和动态，从而顺其思路进行引导，寻找到最适合的言辞。

与人交谈防冷场

当谈话开始的时候，你要把注意力集中在眼前正在交谈着的信息上，抓住每一个要点，思考对方所说的话的意义，从交谈的内容中不断扩展谈话的题材，那么你思想的源泉就会不断涌出，谈话的思路也就畅通无阻。

若想交谈的气氛融洽、不冷场，应该注意叙述的方式要得当。如果直接叙述，不加任何评论或渲染，即便谈话有再好的主题，也很难使话题生动有趣。平直地叙述，无法使话题的内容丰富而精彩。只有在话题中融入自己的感想与见解，才能由话题引出更多的谈话内容。

所以，与人交谈的时候，最好能够根据话题的内容，主动地发表自己的观点，以带给对方新鲜的感觉。如果实在没有可说的，不妨引用他人的说法来继续话题，如此也能收到比较好的交谈效果。

总之，在与人交谈时，切忌高谈阔论对方不感兴趣的话题或直述话题，那样会使交谈的内容枯燥无味。不仅如此，自己也会越谈越觉得谈不下去，因而不得不中断交谈，使双方都陷入尴尬的境地。

倘若交谈时遇到冷场和尴尬，化解时要表现得自然，不着痕迹，轻松地转移话题，不要让人家觉得你是刻意的，否则会加剧冷场和尴尬。

寻找"共性"广结友

有人说，如果我们只想使别人对自己产生兴趣，我们就不可能交到真诚的朋友。真正的朋友，不是用这种方法结交而来的。双方具有共同点是建立友谊的基础。

双方的共同点是引起对方兴趣的关键，因此，在交谈开始时，我们就要竭力找出与对方的共同点，以引起对方的共鸣。比如，当我们知道了对方的出生地后，就可以说："那个地方我曾经去过。"这样一来，对方就可能产生一种亲切感，双方在心理上的距离也会大大缩短。当我们知道对方和自己是同乡或是校友时，即使是初次见面，也会感觉比较熟悉，并能轻松愉快地交谈。更有趣的是，如果以对方身边的第三者为话题，那么谈兴就会更浓。

前耶鲁大学教授费尔普，他在年轻时就有了关于交谈兴趣的切身体会。他说："我8岁那年，有一个周末，我去看望我的姑母林慈莱，并在她家中度假。有一天晚上，一个中年人来访，他与姑母寒暄之后，便将注意力转向了我。当时，我正巧对造船的知识很感兴趣，而这位客人谈论的话题似乎特别有趣。他走后，我在姑母面前热烈地称赞他，说他是一个好人，对造船那么感兴趣！我的姑母却告诉我说，他是纽约的一位律师，其实他对有关造船的知识毫无兴趣。他见我对造船感兴趣，所以就谈论起来，那样才能吸引我并令我感到愉悦，同时也使他自己为人所欢迎。姑母的话从此永远铭记在我心中。"

从以上的例子中我们可以看出，在与人交谈的时候，最好在进入主题之前找出双方的共同点，谈论一些别人感兴趣的事情，或者以别人的爱好为谈话的主题。谈彼此的经历、爱好或是家庭情况，以此来增加彼此间的相互了解。当最初的排斥心理消失，变成亲切感后，我们与别人的交谈就会很顺利了。

无所顾忌招人烦

说话最忌讳的就是不假思考，脱口而出。恰当得体的谈吐对于迅速有效地传递信息、塑造良好的自我形象有着不可忽视的作用。

交谈的目的不是自言自语，要有互动，所以必须选择对方可以接受的话题来谈。有的人心直口快，说话没有禁忌，只图自己一时痛快，说不该说的话，那样会给自己制造出一些不必要的麻烦。

几位年轻人去慰问一位退休老工人，见面以后问道："您老身子真硬朗，今年高寿？"

老工人回答说："我 79 岁啦。"

"人生七十古来稀，厂里数您最长寿吧？"

"哪里，某某活到了 84 岁呢！"

"那您老也称得上长寿将军啊。"

"不过，某某去年归天了。"

"那这回可轮到您了。"

谈兴正浓的老工人听到这句话，脸色陡变。

前面老人刚说完"归天"的事，年轻人却接下去说"那这回可轮到您了"，这不就使老人产生误会了吗？如果这几位年轻人能控制好前后话语，把话说成"这回长寿冠军可轮到您了"，谈话中也就不会出现不快了。

善于引话题，交流更顺畅

有时候，我们很热情地与人交谈，对方却持一种戒备心理。碰到这种情况时，我们只有先设法消除对方的戒备心理，交谈才能顺利进行。要达到消除对方戒备心理的目的，谈话方式一定要使对方容易接受才行。

在与文化程度较低的人交谈的时候，要注意从他们身边的事谈起，力求通俗易懂，深入浅出，使人家听懂、听清、听进去。而与知识分子座谈、研讨，所言要有一定的高度和深度，这样才能与对方形成在同层次上的交流。同样，内事用语和外事用语有很大差异，如果把外事往来中十分得体的言谈照搬到与同行、兄弟单位的交往和业务洽谈中，会有玩弄"外交辞令"之嫌。和同事谈心更要注意对方的年龄、身份、职业、文化层次、性格及处境，讲究谈话的措辞和方式，达到"一把钥匙开一把锁"。

那么，如何谈话才能让对方接受呢？怎样才能打开他人的心扉呢？有的时候，当我们迫不及待地想要探得对方的心声，对方反倒会采取生硬的态度加以防范。这时，我们倒不如通过点头、随声附和或微笑倾听等方式，使对方觉得我们完全接受了他的话。这样一来，对方心里就会放松警惕，敞开心门，同时对我们的忠告也会容易接受。

有些人不善于与人交谈甚至孤芳自赏，这时，我们要从对方身上找话题，如此才有可能取得意外的效果。如饰物、容貌等体现个性和喜好的物品，往往是寻找话题的好引子，比较容易引得对方与你交谈。若想打破沉默，我们还可以对方无意中做出的动作为话题，运用得当，也可以打破僵局。

对于那些硬是不愿开口的"顽固派"，我们就要主动地想些办法，引起对方的好奇心，使对方开口说话。

例如，有一位记者说，有一次他听说一家企业快倒闭了，于是找到该公司的宣传科科长进行采访。但是这位科长什么消息也不肯透露，表现出很深的"敌意"，因此当时的场面很尴尬。这位记者想抽烟，又不知道烟放在哪儿了，于是他就搜寻衬衫口袋、裤子口袋，最后没办法，又去摸外套口袋。那位科长觉得很奇怪，便担心地问："你怎么了？"当记者说明情况后，科长拿出自己的烟递给他抽。从这时起，他们开始了交谈，记者也因此获得了很多宝贵资料。

观察蛛丝马迹，了解听者心理

人的心理变化不定，较难把握，但在有些场合，人内心的想法又常会通过言谈举止反映出来。如果你善于观察听者的一举一动，并能据此加以分析和推测，那么基本上就可以了解听者的心理了。

比如，你在讲话时，如果听者发出"唏嘘声"，那可能对方不爱听那些话；如果听者的双眼注视着你，说明你讲话的内容非常吸引人；如果听者左顾右盼，说明他可能有着急的事情要办，但又出于礼貌而不好意思离开……当然，有许多人善于抑制自己的情感，不使其外露，即使这样，只要你细心观察也会发现蛛丝马迹。

战国时，一次魏文侯和一群士大夫在闲谈。魏文侯问他们："你们觉得我是怎样的国君?"许多人都答道："您是仁厚的国君。"

可一位叫翟黄的人却回答："您不是仁厚的国君。"魏文侯追问："何以见得?"翟黄答道："您攻下了中山国之后，不将其分封给兄弟，却封给了自己的长子，这显然出于自私的目的，所以您并不仁厚。"翟黄一席话说得魏文侯恼羞成怒，立刻命人将翟黄赶了出去。

魏文侯不甘心，他又接着问任痤："我究竟是怎样的国君?"任痤答道："您的确是位仁厚之君。"魏文侯更加疑惑了。任痤说："我听说过，凡是仁厚的国君，其臣子一定刚正不阿、敢说真话，刚才翟黄的一番话绝不是阿谀奉承，因此，我知道他的君主是位宽厚的人。"魏文侯听了，觉得言之有理，连声说："不错，不错。"立即让人把翟黄请了回来，而且拜他为上卿。

从这则故事中，我们可以看出任痤的机智聪慧，他抓住了魏文侯愿意被人尊为仁厚之君这种心理，借此化解了魏文侯和翟黄之间的矛盾。

了解听者的心理，是运用说话技巧的前提。只有了解了听者心理，你才会懂得在什么场合该讲什么、不该讲什么，哪些话能够打动听者的心，使听者产生共鸣。

插话要注意时机和方式

当人们在一起交谈时，有些人侃侃而谈，独领风骚，如果你也想在众人面前受到关注，发表自己的观点，你就要自己争取机会，学会适当地插话。

所谓插话，就是交谈的一方在倾听对方谈话时，需要针对谈话的具体内容和情境，随时插入适当的话语来调剂谈话氛围，推进谈话进程。插话的运用既表明你对谈话内容的关注，又使你以积极主动的态度参与到谈话中。

交谈必然是有人在说，有人在听，专于倾听固然是交谈达成共识的基础，但抓住时机恰当地插话，也会使交谈双方产生愉快的感觉，进而活跃交谈的气氛。不过，如果插话选择的时机不当，在对方讲得起劲时，你非要插进去你自认为十分必要的话，表面上看你得到了发表高论的时机，实际上却抢夺了他人说话的机会，显得不尊重他人。

某校高三要召开家长会，课间，几个同学围在一起聊了起来。有一位男同学发牢骚说："每次开完家长会，我就'很受伤'，老师批评，爸妈抱怨。依我看，这家长会是老师联合家长整治学生的机会，是打压成绩相对较差同学的会议！"

　　恰巧，班长听到了这种消极、错误的言论，想对这位男同学晓之以理，予以纠正，但听到他还在滔滔不绝地陈述着自己的观点，班长便按住了话头。等那位男同学把牢骚话倾吐完，趁他话语停顿的间隙，班长插话道："我的看法恰恰相反，我认为家长会是老师与家长直接交流的一次机会，是学生进一步赢得家长在学习方面支持的契机啊！就说上次开家长会吧，老爸回去跟我交流了半个多小时，从那以后，他安排给我补课的次数减少了，让我自主学习的时间增多了。"

　　那个男同学找不到更好的理由反驳，便妥协道："是啊，总的来说，开家长会是利大于弊的，我刚才的意思是……"

　　班长对于男同学消极错误的观点是持反对态度的，但他并没有直接截住对方话头进行反驳，而是趁他把话说完后才插话，亮出自己的观点。试想一下，如果他贸然打断对方的话而表现出自己的反对态度的话，男同学很可能会对他这个"半路杀出来的程咬金"产生反感，甚至对他的观点持抵触心理。由此可见，若想让自己插话产生预期效果，必须注意插话时机。同样是插话，由于表达的方式不同，插话的时机各异，效果也会大相径庭。

　　与人交谈，除了插话要把握好时机，也要注意一些礼节问题。开口说话前首先要打招呼，别人在交谈时，不要凑上去听。假如有事需与某人说话，应待别人说完后再开口。假如有人想要参与到你与他人的谈话中，应以握手、点头或微笑表示欢迎。在谈话当中有时候可能会有一些意料之外的事情出现，比如说你突然有事情需要提前离开，这个时候，就应该先向交谈的另一方表示歉意再离开。

其实，插话也讲究一些方法和技巧：

1. 细心倾听

一般来说，在插话之前，应首先静静地在一边细心倾听，以便弄清别人谈话的中心议题。如此，方可有的放矢，顺水推舟，接上话茬儿。

2. 把握时机

当谈论双方谈兴正浓时，这时要插话，只能静等合适的时机。通常人们在叙述事情、论证观点和看法时说话会有自然的停顿，这可能就是你插话的好时机。当然，也可以在听了对方的谈话后，先在脑中整理一番，然后再插话。

3. 顺题立意

插话的目的是表明自己的观点。如果没听明白别人的谈话就急着插话，乱下结论，以显示自己的高明，就是不尊重对方，可能会引起对方反感。插话应顺应对方话题展开，如果想换一个话题时，应先肯定对方，用"不过，但是"等话婉转过渡，这样会避免对方误解。

4. 注意对方的提示

谈话者既希望有人听，更希望别人对他的话有一定的反应。这种愿望表现出来多为询问式，如"您觉得如何""不知您有什么高见""能请您谈谈吗""我很想听听您对这个问题的看法"。当对方提出这种问题时，便为插话提供了时机。

5. 消除对方的顾虑

当对方在同你谈某事，因担心你可能对此不感兴趣，显露出犹豫、为难的神情时，你可以趁机说一两句安慰的话。比如：

"你能谈谈那件事吗？我对此不是十分了解。"

"请你继续说。"

"我对此也十分感兴趣。"

此时你说的话是为了表明一个意思，即：我很愿意听你叙说，不论你说得怎样，说的是什么。这样做可以消除对方的顾虑，坚定他倾诉的信心。

6. 察言观色

如果碰到谈话的双方因为观点不一致、认识相左而你争我斗时，这时的插话不应为进言，而应以平息"战火"为主。而且不要随意插话，否则，往往会使一方误解你偏袒另一方。此时，你可以把握他们言谈中"停歇"的时刻，巧妙进言——"两位滔滔不绝，辛苦了，让我来给你们讲个故事吧"。这样，则可以转移他们的争论焦点，引导他们找到另外的谈话主题。

每个人多少都会有点虚荣心，当主动权掌握在对方手中时，说话时尽量把自己的姿态放低点，把对方"抬高"点，只有对方的心情舒畅，你的意见或者请求才容易被接受。

不懂的事情不插言，少说多听是关键

人际交往中，我们要牢记一点：对于自己不了解或不懂的事情，千万不要随便插话。一知半解、似懂非懂、糊里糊涂地说一通，不仅不会取得预期的效果，反而会给人留下不懂装懂的坏印象。若人家以为你对某件事比较了解，而其实你根本不懂，一旦对你发起提问而你又回答不出来，则更为难堪。所以说，不懂的事情不要插言，少说多听才是关键。

有几个房地产公司的员工在闲聊：

"你们知道香港的地产大亨李兆基吗？"

"知道，他是恒基兆业地产有限公司主席兼总经理。"

"他很了不起啊！身家上百亿，是大富豪。"

"对，他还有'亚洲股神'的称号呢！"

大家聊得正起劲儿，这时，一个刚刚进入地产界的同事开口了："李兆基啊，我知道他。他还演过电影呢！"

此话一说，大家都愣住了。

有个同事调侃地问道："那你说说他演过什么电影啊？"

"演过什么电影，我忘记了，但我记得他总和周星驰一起拍电影。"

大家闻言，都笑了起来。

"难道我说的不对吗？"

一个同事解释说："你说的对，但我们所说的李兆基是香港地产界的大亨，而你说的那个李兆基却是香港的影视编剧和艺人。"

如此一来，那位新同事这才知道，自己说的李兆基和同事们谈论的不是同一个人。

由此可见，对于不熟悉的事情最好不要插言，不要不懂装懂，甚至冒充内行，否则会闹笑话。处理这种情况的技巧应该是：知道多少就谈多少，少说多听最重要。

有一次，"棋圣"聂卫平应邀出席西南棋王赛新闻发布会。会上，有一名老记者突发一支"冷箭"："聂棋圣能否用自己的围棋经历来解释本次棋赛的文化理念——上善若水?"此问一出，只见老聂一脸茫然。不过，他没有找借口来掩饰自己的无知，而是老老实实地坦承道："我很想回答您这个问题，可我确实不知道'上善若水'是什么意思。所以，还得先请教您。"

聂卫平在大庭广众之下向人请教，众人不禁鼓起掌来。

古人云："知之为知之，不知为不知。"对于自己不懂的问题，最好少发言，多发问，多学习。所以，我们要保持谦虚谨慎的态度，虚心好学，不懂就问，绝不能不懂装懂、"打肿脸充胖子"，否则就可能会贻笑大方。

掌握分寸，善于提问

在社会交际中，我们要学会向别人提问的技巧。提问对于促进双方交流、获取信息、了解对方有重要的作用。掌握了提问的技巧，就能帮你打开对方的"话匣子"。

提问也是一门艺术，不同的提问方式，会得到不同的回答。

让我们看看下面一则小故事：

甲乙两家店是相邻的卖粥小店。甲店和乙店的客流量、粥的质量相差无几，表面上看两家店每天的生意都一样红火。然而到晚上算账的时候，乙店总比甲店多卖出百十来元，天天如此。为什么会这样呢?原因只在于服务员的一句话。

当客人走进甲店时，服务员热情招待，微笑服务，盛好一碗粥后会问客人："加不加鸡蛋?"客人有的说加，有的说不加，大概各占一半。

客人走进乙店时，服务员同样微笑着热情招待，给客人盛好一碗粥，就会问客人："加一个鸡蛋，还是加两个鸡蛋？"一般情况下，爱吃鸡蛋的客人就要求加两个，不爱吃的就要求加一个，也有要求不加的，但是很少。

由此看来，提问虽然看似简单，但不同的提问方式，所得到的结果可能是天壤之别。如果你想掌握提问方法，首先要考虑提什么问题，其次是如何表述问题。另外，何时提出问题也是至关重要的一点。只有把这三点有机地结合起来，并根据具体情况灵活地提出问题，提问才能恰到好处，取得令自己满意的效果。

提问是一把万能钥匙。一个善于提问的人，不仅能掌握谈话的进程，控制谈话的方向，同时还能打开对方的心扉，拨动对方的心弦。但提问也有一些禁忌，不是什么都能问，如果问得不得体，就会给自己带来麻烦。

在日常交际中，具体地说，应该避免问及以下这些方面的问题：

（1）女士的年龄；

（2）家庭内务及存款；

（3）工作情况及经济收入；

（4）身体疾病情况；

（5）夫妻感情；

（6）私生活；

（7）不愿意公开的工作计划；

（8）不愿意为人知道的隐私。

总之，在生活中，有些事情如果你觉得自己应该知道，那么你就去问；而有些事情却是你不该知道的，那么就要克制住自己的好奇心不要去问。凡对方不知道或不愿别人知道的事情都应避免向其提问。要记住，提问的目的是引起双方交谈的兴趣，而不是使任何一方感到无趣。

尊重他人从记住姓名开始

有的人交际圈子很小，而有的人交际范围却很广，总是能获取很多信息，显得无所不知。

鼎鼎大名的钢铁大王安德鲁·卡耐基在早年，即表现出非凡的组织领导才能。他在 10 岁的时候，就发现了人们对于自己名字的惊人重视，他利用这一发现去获得与人合作的机会。当他只是苏格兰的一个小孩童时，曾得到一只公兔和一只母兔。他不久就有了一窝小兔，可是没有东西喂它们。但他有一个聪明的主意，他对邻近的孩子们说，如果他们愿意出去采集到充足的蒲公英与金花菜喂兔子，便可用他们的名字命名兔子。

卡耐基能叫出他工厂中许多工人的名字，这是他颇为自豪的事。并且他曾骄傲地说，当他亲自管理的时候，从未有罢工之事发生。

"无人不知"的本领不是一朝一夕练就的，这需要你用心地对待身边的每一位朋友。当你做到这些时，你会发现你的交际圈子会越来越大。

有的人常常记不住别人的姓名，大多是因为他们没有下功夫与付出精力把他人的姓名牢记在心，并给自己找借口，说自己太忙。

罗斯福是一个善记他人姓名的人。

克莱斯勒汽车公司为罗斯福先生制造了一辆特别的汽车，张伯伦及一位机械师将此车送交至白宫。"我教罗斯福总统如何驾驶一辆装有许多特别装置的汽车，而他教我许多处理人际关系的艺术。"张伯伦说，"我到白宫访问的时候，总统非常愉快，他喊我的名字，使我感到非常高兴。给我留下深刻印象的是，他对我要说明及告诉他的事项真切注意。"罗斯福对围观汽车的人说："这车真奇妙，你只要按一下开关，即可开动，你可以不费力地驾驶它。我认为这车非常好——尽管我不懂它是如何运转的。我真愿意有时间将它拆开，看看它是如何发动的。"

当罗斯福的许多朋友及同仁对拥有这辆车子表示羡慕时，罗斯福当着人们的面说："张伯伦先生，我真感谢你，感谢你设计这辆车所费的时间与精力。这是一个杰出的工程！"他赞赏辐射器、特别反光镜、钟、特别照射灯、椅垫的式样、驾驶座位的位置和衣箱内有不同标记的特别衣柜，他甚至还对老黑人侍者说："乔治，你要好好地照顾这些衣箱。"

驾驶课程完毕之后，总统转向张伯伦说："好了，张伯伦先生，我想我该回去工作了。"

张伯伦说："我带了一位机械师到白宫，他被介绍给罗斯福总统。机械师没有同总统谈话，而罗斯福总统只听过一次他的名字。他是一个怕羞的人，躲在后面。但在我们离开之前，总统找到这位机械师，与他握手，叫他名字，并谢谢他到华盛顿来。罗斯福总统的致谢绝非草率，非常真诚，我是能感觉到的。回到纽约数天之后，我接到罗斯福总统亲笔签名的照片，并附有简短的致谢信，再次对我给他的帮忙表示感激。他竟会花时间这样做，真令我感到激动万分！"

显而易见，罗斯福知道一种最简单、最明显、最重要的获得好感的办法，那就是记住他人的姓名，使他人感觉自己对于别人来说很重要，但我们中有多少人会这样做呢？

不要老给自己找借口，与人交往多次，竟不记得别人的名字，这是对别人的伤害，怎么能与其建立融洽的关系呢？

当人面不能"揭短"

常言道，金无足赤，人无完人，我们每个人都有各自的长处和短处，人们通常也都会竭力表现自己的长处，避免显现自己的短处。可生活中偏偏有人看不到他人长处，专揭人短，这无异于在否定一个人的存在价值。

在工作中，避免触犯别人的短处是人际交往的重要原则之一，但这并不等于要做老好人，对对方的错误和工作中的失误视而不见，纵容包庇，只是要注意说话的方式、方法和解决问题的渠道。如果一个人身上确实有问题和短处存在，则应该有开阔的心胸，勇于承认、担当，唯有克服自身的弱点，才能真正实现自己的价值。

朱元璋出生在农民家庭，家境贫寒。他做了皇帝后，总有往日的乡里人来京城找他。其中，一位"开裆裤朋友"千里迢迢从老家凤阳来到南京，历经波折总算是进了皇宫。这位朋友一见到朱元璋，便仗着当年二人的友情，当着满朝文武百官的面大声嚷起来："哎呀，朱老四啊，你当了皇帝可真威风呀！当年咱俩一块儿光着屁股玩耍，你干了坏事总是让我替你挨打。还记得有一次咱俩一块儿偷豆子吃吧，为了不让家里大人知道，咱们偷着用破瓦罐煮，豆子还没有煮熟你就先抢起来，结果瓦罐在我们的争抢中被打烂了，豆子撒了一地。你吃得太快，喉咙都被豆子卡住了，还是我帮你把豆子弄出来的。怎么，不记得啦？"

这位远道而来的老兄喋喋不休，唠叨起来没完没了，宝座上的皇帝再也坐不住了，心想，这个人怎么这么不知趣，竟然当着满朝文武百官的面把这些丢人现眼的事都给抖出来了。盛怒之下，朱元璋下令把这个大老远来见他的儿时伙伴给轰了出去。

由此可见，在大庭广众面前揭人短是不合适的，尤其是类似揭丑的事，更要谨慎说话。

巧言才能在人际交往中游刃有余

在社会这个大舞台上，我们总要与人打交道，但如何在与各色各样的人交往中游刃有余呢？一般来说，学会有技巧的发言很重要。

1. 了解对方的一些经历和生活状况

无论是在工作中还是在一些社交应酬中，不同的人思维方式是不一样的，大家都有各自的想法，双方的交谈能否融洽关键在于所选择的话题。假如你对对方一点都不了解，只顾一味地按自己的喜好喋喋不休，对方便会失去兴趣与你交谈。假如你知道对方现在想要知道的、迫切需要了解的话题，同他促膝长谈，那么对方也会津津有味地倾听你的讲述。

2. 对于一些观点要保持中立，保持客观的态度

一个态度中立的人，往往可以在交往中获得更多的友谊。人对事

物要有衡量其中价值的尺度，坚持原则的同时，不能因固执而一直坚持某个看法。假如有必要对某件事情保密，一定要注意闭嘴，一个人能不能保守秘密很重要，那些一不小心就会在某些事情上说得太多的人，容易给自己找来麻烦。

3. 应清楚对方的身份和性格

性格外向的人易"喜形于色"，和这样的人可以侃侃而谈；而性格内向的人往往喜欢选择"沉默寡言"，与这样的人交谈时，应该注意语言委婉，循循善诱。

善于与人交谈不仅是一门技术，也是一门艺术。巧妙的发言不仅能使你在与人交谈中运筹帷幄，更有利于打开人际交往的一些新局面。

面对窘境巧应对

我们在与人交往、交流时，常常会遇到一些意想不到的事情发生。在一些具体的环境中，有时会无意间出现一些尴尬的场面，比如，正在说话时遭人抢白，自己的观点受人攻击……面对这一切都需要从容镇定的应变能力。

在社交场合因说话而产生尴尬的局面时，为了临危不乱，为了使自己在窘境中得到解脱，应根据当时的实际情景随机应变，灵活地运用语言的艺术解决问题。

回答"是"或"否"要谨慎

生活中总会遇到一些令人难以回答的问题，这些问题不论回答"是"或"否"都可能给自己带来麻烦。面对这样的问题，先不要急于给出答案，一定要想好了再说。

有这样一则寓言故事：

百兽之王狮子想吃其他兽类，但是需要找借口，于是张开大口让百兽闻自己的嘴巴是香还是臭。首先是狗熊，狗熊闻后实话实说："有股肉的腥臭味。"狮子发怒道："你不尊重我，留你何用！"于是一口将狗熊吃掉了。

第二天，轮到猴子来闻。鉴于狗熊的教训，猴子乖巧地说："哟，好一股肉的清香味啊！"狮子又发怒道："你溜须拍马，留你何用。"狮子又将猴子吃掉了。

第三天，轮到兔子来闻。兔子知道，说臭要被吃掉，说香也要被吃掉。于是它凑到狮子嘴边，故意闻得十分认真，但却老不开口。狮子急了，催它快说。兔子便说道："报告大王，我昨晚受了风寒，感冒鼻塞，闻了这么久，实在闻不出是臭还是香。等我身体好了，鼻子通了，再来闻吧！"狮子无奈，只好放了兔子。

兔子正是巧妙地回避了这个难以回答的问题，才得以保全自己的性命。我国历史上也有因为会说话而保住性命的例子。

项羽称王后，想谋杀刘邦。范增出主意说："等刘邦上朝，大王就问他：'寡人封你到南郑去，你愿不愿意去？'如果他说愿意，你就说他意图养精蓄锐，有谋反之心，可以绑出去杀掉；如果他说不愿意去，你则以其违抗王命杀掉他。"

刘邦上殿后，项羽一拍案桌，高声问道："刘邦，寡人封你到南郑去，你愿不愿意去？"

刘邦答道："臣食君禄，命悬于君。臣如陛下坐骑，鞭之则行，收辔则止。臣唯命是听。"项羽一听，无可奈何，只好说："刘邦，你要听我的，南郑你就不要去了。"

刘邦说："臣遵旨。"

刘邦的言语避开了项羽问话的前提，故意说对项羽忠心耿耿、唯命是从，从而使项羽找不到借口杀自己，为以后成就霸业保留了机会。

对于一些刁钻的问题，无论你的答案是肯定还是否定，都可能给自己带来麻烦，面对这样的问题最好不要直接回答，而要绕个圈子，为自己留些余地。

机智灵活，妙语双关

在一些具体的语境中，有时会出现一些尴尬的场面，但是如果能根据当时的实际情景，灵活地运用双关语来处理，反而会有神奇的幽默效果。

第二次世界大战期间，英国首相丘吉尔到华盛顿会见美国总统罗斯福，要求美国与英国共同抗击德国法西斯，并给予物资援助。

丘吉尔受到热情接待，被安排住进白宫。一天早晨，丘吉尔躺在浴缸里，抽着他那特大号雪茄烟。此时，门突然开了，进来的是美国总统罗斯福。丘吉尔大腹便便，肚子露出水面……两位世界名人在这样的情形下碰面，颇为尴尬。

丘吉尔扔掉了烟头，说："总统先生，我这个英国首相在您面前可真是一点儿也没有隐瞒。"

说完两人哈哈大笑起来。

丘吉尔这一句风趣幽默又语带双关的话，不仅使双方从尴尬的情境中解脱出来，而且借此机会再一次含蓄地阐述了自己的观点和目的，意外地促进了谈判的成功。

灵活机智地运用双关语是一种很重要的口才技巧，要平时注意语言的积累，遇事多动脑，与人交谈时便可游刃有余。

"装聋作哑"息事端

有时候，"充耳不闻"可以平息许多事端，避免自己卷入更大的纠纷当中。

每个人都有自己的隐私，或者是不想让别人知道的秘密，或者是不想回答的问题。当对方提及此类问题，你可佯装没有听见，当然就不用回答了。否则就可能会落入对方设计的圈套，更加被动。

1953 年 6 月，年已 79 岁的丘吉尔参加百慕大的英美法三国首脑会议。他为了回避某些难题，就借年事已高，装作没听见，不予回答。而他在感兴趣的问题上，就一点儿也"不聋"了。他这种时而"聋哑"、时而正常的做法使与会者颇感头痛。美国总统艾森豪威尔曾幽默地说："真没办法，装聋作哑成为这位大演说家的新式防卫武器了。"

但是如果是长辈或者地位比较高的人向你提问题，就不能充耳不闻，否则会被认为是不尊重人。另外，在某些外交场合，提问者再三追问的时候也不好总是装聋作哑，这样会让人认为你心里有鬼，不敢说实话。这时用"无可奉告"这样的外交辞令也是不礼貌的。此时，不妨采用迂回战术，巧妙地转移话题。

在办事、演讲、记者招待会等场合，经常会遇到一些让人尴尬或难以回答的问题，这时偶尔"装聋作哑"，不失为一个好的策略。

变换角度吐妙言

机智巧妙地应付谈话中的尴尬局面，甚至将尴尬留给对方，可令自己全身而退。

尴尬局面的出现，往往是刹那间的事情，如果不够镇静，大惊失色，便会使自己手足无措。会说话的人在遇到尴尬场合的时候，能够保持镇静，冷静地观察局势，然后随机应变，机智巧妙地应付尴尬，甚至将尴尬留给对方。

我国著名作家谌容访问美国期间，有一次应邀到某大学演讲。大学生们思维活跃，给谌容提出了各种各样的问题，而她也都直率地给予了答复。突然，有人问道："听说您至今还不是共产党员，请问您和中国共产党的私人感情如何？"

显然，这样的问题是比较棘手的，很容易使人陷入进退两难的尴尬境地。

谌容略微沉思了一下，回答道："首先，我很佩服你。你的情报很准确，我的确不是共产党员。但是，也许你还不知道，我的丈夫是个老共产党员，我们在一起生活了几十年，到目前为止，还没有丝毫要离婚的迹象。由此可见，我跟中国共产党的私人感情还是很深的嘛！"话音未落，就博得了满堂的喝彩声。

"横看成岭侧成峰，远近高低各不同。"因为对同一个问题选取的角度不同，得出的结果也不一样。从一个角度"说不圆"的事情，或许从另一个角度能把它说得令人信服、满意。会说话的人能够及时地寻找到回答问题的合适角度，避免自己落入语言的"陷阱"。

看透隐衷化僵局

美国一家钢铁公司的办公室一直是租赁的，后来总经理卡里打算买一栋房子作为办公室，于是他请来美国著名的房地产经纪人约瑟夫·戴尔，打算让戴尔给他物色一栋房子。

戴尔打算让卡里买下钢铁公司本来用着的那幢旧楼房，但是卡里立刻对此建议表示反对，并希望买下隔壁那幢比较时髦的新楼房。并且据卡里说，有些同事也竭力想买那幢房子。

戴尔并不申辩，他只是认真地听着，脑子中飞快地思考着，卡里究竟是怎么想的。卡里始终坚决反对买那所旧房子，然而他对那所房子的木料、建筑结构所下的批评以及他反对的理由，都是些琐碎的地方。可以看出，这并不是卡里自己的意见，而是那些主张买隔壁那幢新房子的职员的意见。

听卡里说完，戴尔心里明白了八九分，知道卡里说的并不是真心话，他心里其实想买旧房子，嘴上却竭力反对。

由于戴尔一言不发地静静坐在那里听，没有反驳他，卡里也就停下来不讲了。于是，他们俩都安静地坐着，向窗外望去。

这时候，戴尔连眼皮也不眨一下，非常沉静地说："先生，您初来纽约的时候，您的办公室在哪里?"卡里沉默了一会儿才说："什么意思? 就在这所房子里。"戴尔等了一会儿，又问："钢铁公司在哪里成立的?"卡里又沉默了一会儿才答道："也是这里，就在我们此刻所在的这间办公室里成立的。"

戴尔不再问什么，就这样过了 5 分钟，两个人默默地坐着，眺望着窗外。

终于，卡里带着兴奋的腔调对戴尔说："我的职员们差不多都主张搬出这座房子，然而这是我们的公司成立的地方，我们差不多可以说都是在这里成长的。这里实在是我们应该永远长驻下去的地方呀!"

约瑟夫·戴尔经过集中全部精神思考卡里心中的想法，很巧妙地刺激了卡里的隐衷，使其将内心的想法完全透露出来。

揣摩对方心理，满足对方的需要，即使谈话陷入僵局，也能顺利化解，达到预期的目的。

以子之矛，攻子之盾

一个商人夸自己的矛无坚不摧，又吹嘘自己的盾坚不可摧。有人问他："用你的矛戳你的盾，会怎样呢？"商人顿时哑然。

在谈话中，对方可能会有一些错误的思想、观点，但是不能、也没有必要直接指出对方的错误，如果贸然这样做会影响人际关系。但是和对方辩论的时候，如果能及时抓住对方在概念、判断、推理中的某些悖论，借用原话，指出其不能自圆其说的逻辑矛盾，对方的论点就不攻自破了。这就是以子之矛，攻子之盾。

有一天，古希腊文学家欧伦斯比格去饭店用餐，店主的牛肉没有烤好，可是那时他已经很饿了，店主建议说："谁要是等不及正餐，就可以随便先吃点现成的东西。"于是，欧伦斯比格就吃了不少干面包。吃饱之后，他坐到烤肉炉边，等到肉烤熟后，店主请他上桌就餐，他随意回答说："烤肉的时候，我闻味儿都闻饱了。"说完之后就躺在炉边打起盹来。最后，当店主来收烤肉钱时，欧伦斯比格因没吃烤肉而拒绝付钱。

店主说："掏钱吧！你不是说闻肉味儿都闻饱了吗？所以你应与吃肉的人付一样多的钱。"

于是，欧伦斯比格掏出一枚银币扔到长桌上，对店主说："你听到钱的声音了吗？"

店主说："听到了。"

欧伦斯比格马上拾起银币，重新放回了钱袋说："我的银币的声音正好够付我闻你的烤肉味儿的钱了。"

店主将"吃肉"的概念偷换成"闻肉"，这种混淆是非的诡计被聪明的文学家看穿了，他即"以其人之道，还治其人之身"，以"钱声"付"肉味"的钱，自然顺理成章，店主也无可奈何。

美国总统罗斯福也是一位擅长"以子之矛、攻子之盾"的高手。据说有一天，一位朋友向他打听海军在加勒比海一个小岛上建立潜艇基地的计划。罗斯福不便直接回绝，于是煞有介事地向四周环视一圈，然后神秘而小声地问："你能保密吗？"

朋友回答："当然能。"这时，罗斯福微笑着说："那么，我也能。"那位朋友先是一愣，接着很快领悟了罗斯福的言外之意，尴尬地一笑，不再追问了。

有时遇到对方提出的荒谬论点，可以看其论点是否真实，其论据是否能支持论点，对方的推理过程是否符合逻辑。如果结论是否定的，就可以把对方的荒谬论点夸大，使其暴露得更为明显，以达到反驳对方的目的。

摆脱口误有妙招

俗话说，人有失手，马有失蹄。

在与人交往的过程中，任何人都有可能言语失误。有时只是一句话，可能贻笑大方，也可能纠纷四起，有时造成的局面甚至不可收拾。会说话的人在发生口误以后都会采取一定的补救措施，以避免言语失误带来的难堪局面。

其实摆脱口误的关键是懂得及时改口，承认自己说错了话，要把错误的话"吃"下去。要是在失言的时候仍然死守自己的"城堡"，恐怕后果会很严重。发生口误之后，要迅速将错误的言辞引开，避免在错中纠缠。比如，可以接着那句话之后说"然而正确的说法应是……"或者说"我刚才那句话还应做如下补充……"这样就可以补救口误造成的不良后果。

有一次，美国总统里根访问巴西，由于旅途疲乏，他本人年岁又大，在欢迎宴会上，他脱口说道："女士们！先生们！今天，我为能访问玻利维亚而感到非常高兴。"有人低声提醒他说错了，里根忙改口道："很抱歉，我们不久前访问过玻利维亚。"

尽管他没有去过玻利维亚，但当那些不明就里的人还来不及反应时，这个口误就已经被淹没在他后来的长篇大论之中了。这种将说错的地点、时间加以掩饰的方法，在一定程度上避免了当面丢丑，不失为补救口误的有效手段。只是，这里需要的是发现及时、改口巧妙的语言技巧，否则要想化解难堪局面也是很困难的。

高明的辩论家在被对方击中要害时绝不会强词夺理，他们或点头微笑，或轻轻鼓掌。如此一来，观众或听众弄不清他"葫芦"里卖的是什么"药"。有的人会认为这是他们服从真理的良好风范，有的人又会认为这是他们不屑辩解的豁达胸怀。其实，这只是他为缓解尴尬的"囫囵吞枣"的举动。

"借题发挥"化尴尬

借题发挥能够化尴尬于无形，大有化百炼钢为绕指柔之势！

一次，司马昭与阮籍同上早朝，忽然侍者前来报告："有人杀死了自己的母亲！"放荡不羁的阮籍不假思索便说："杀父亲也就罢了，怎么能杀母亲呢？"

此言一出，满朝文武哗然，认为他"有悖孝道"。阮籍也意识到自己言语的失误，忙解释说："我的意思是说，禽兽知其母而不知其父。杀父就如同禽兽一般，杀母呢，就连禽兽也不如了。"

一席话，竟使众人无可辩驳，阮籍也避免了杀身之祸。其实，阮籍在口误之后，只是使用了一个比喻，就暗中更换了题旨，然后借题发挥，巧妙地平息了众怒。

在现实生活中，借题发挥也大有用武之地。

在一次智力竞赛中，主持人问："三纲五常中的'三纲'指的是什么？"

一名女生抢答道："臣为君纲，子为父纲，妻为夫纲。"这个答案恰好颠倒了三者的关系，引起哄堂大笑。当这名女生意识到错误后，立刻大声说道："笑什么，解放这么多年了，封建的旧'三纲'早已不存在，我说的是新'三纲'。"主持人问："什么叫作新'三纲'？"

她说："现在我国是人民当家做主，上级要为下级服务，领导者是人民的公仆，岂不是臣为君纲？当前独生子女是父母的小皇帝，家中大小事都依着他，岂不是子为父纲？在许多家庭中，妻子的权力远远超过了丈夫，'妻管严'比比皆是，岂不是妻为夫纲吗？"

她的话音一落，场上掌声四起。大家为她的言论创新叫绝，为她的应变能力叫好。

要借题发挥，解决之道是当意识到自己处于尴尬境地时，马上借题，巧妙改变原题的含义，将明显的错误变成正确的说法。

坦诚是最好的"敲门砖"

想要沟通顺利，首先要让别人感觉到你的热心和诚意，正所谓"精诚所至，金石为开"。

1952 年，艾森豪威尔竞选美国总统，他的副总统搭档是年轻的参议员尼克松。正当尼克松为竞选四处奔波时，《纽约时报》突然报道了尼克松在竞选中秘密受贿的丑闻，消息不胫而走，给共和党的竞选带来极为不利的影响。

为了摆脱困境，共和党花了数万美元让尼克松利用媒体，向全国选民作半个小时的公开声明。很显然，此举是能否澄清事实、取得选民认可的关键。当时，全美国有 64 家电视台、700 多家电台，他们把镜头、麦克风对准了尼克松。

而尼克松万万没有料到，当他走进全国广播公司的录音室之前，他被告知，助选的高级顾问已决定要他在广播结束后提出辞呈。由于顾问是共和党而不是尼克松聘用的，所以这意味着共和党和艾森豪威尔已经在最关键的时刻抛弃了他。

于是，尼克松只好采取了一个在政治史上少见的举动：在当选之前他把自己的财务状况公之于众，先是公布了自己的财产，再公布自己的负债情况。接着他就详细地说明了自己的经济状况，连每一分钱是怎样花掉的都如实告诉人们，那几乎是每天发生在大家身边的事，听来那么熟悉，那么真切可信。

就这样，尼克松争取到了选民的同情。连尼克松自己都没有想到，他的演讲引起了巨大的反响。后来，人们评论尼克松这次演讲成功的关键，就在于他的演说具有两大特点：一是"真诚"，二是"淳朴"。

当时，处于绝望边缘的尼克松，不是以副总统候选人的身份，而是以一个普通人的形象出现在公众面前，与大家话家常。他讲述的生活细节富有人情味，所以才能打动听众的心，获得他们的信任。尼克松演说的成功，可以说是"诚意打动人心"最成功的例子。

古今中外不乏被传为美谈的趣事，从各个层面来看，诚恳的语言不仅能带来成功，甚至能带来神话般的奇迹；反之，如果一个人不说"老实话"，待人冷淡，就可能会失去人们的信任，不仅影响个人的形象和声誉，还会危及前途。因此，有远见卓识的人，都会以"诚"打动人心，而不是耍一些弄虚作假的手段获取眼前的利益。

"情自肺腑出，方能入肺腑。"只有深切热诚的语言，才能唤起别人的热诚。

恰当拒绝要会说"不"

在日常工作和生活中，你是否遇到过这些伤脑筋的事：一个品行不良的熟人缠住你，非要你借钱给他不可，但你知道，如果借给他钱很可能是有借无回；一个熟识的生意人向你兜售物品，你明知买下就要吃亏；有的至亲好友，从不轻易开口求人，万不得已，偶尔求你一次，你若拒绝，对方轻则失望、伤心，重则可能与你反目；患难之友，曾经在你困难时鼎力相助，如今有求于你，你心有余而力不足，但他不相信，指责你忘恩负义。遇到上述这些情况，你该怎么办？记住，你不是神仙，没有"呼风唤雨"、有求必应的本领，该拒绝的时候就得拒绝。如果不好意思当场说"不"，轻易承诺了自己不愿做、不应做、不能做的事，一旦事办不成，以后更不好意思见人。

在遇事非拒绝不可时，最好讲究一些方法。比如用幽默轻松、委婉含蓄的方式表明自己的立场，既可以达到拒绝的目的，又可以使双方摆脱尴尬处境。而且，委婉的拒绝能让对方知难而退。

古时国君想让庄子去做官，庄子没有直接拒绝，而是打了一个比方，说："你看到太庙里被当作供品的牛马了吗？当它尚未被宰杀时，披着华丽的布料，吃着最好的饲料，的确风光，但一到了太庙，被宰杀成为牺牲品，再想自由自在地活着，可能吗？"庄子虽没有正面拒绝做官，但却用一个很贴切的比喻做出了回答，对方自然也就不再坚持了。

轻松幽默的语言，可以减少对方的内心失落感。当然，一定要语言委婉，含蓄地表明自己的处境，让对方明白你的拒绝是合理的。

当然，有些时候，你必须学会给别人的请求一个明确的答复，哪怕是拒绝，只是在拒绝时一定要学会如何去说"不"。

1. 说话方式要委婉

几乎每个人都害怕被拒绝，而且当着别人的面拒绝或者亲自表示拒绝也会让人难以接受，毕竟谁都不愿意被拒绝。他人对你的请求就像一个美丽的肥皂泡，如果一下子直接戳破未免有些残忍，因此，即使我们对对方的请求确实爱莫能助，不妨以相对委婉的方式拒绝他人，而不应该用生硬冷淡的态度直接拒绝对方，否则不仅会让对方很失落，而且还会使其产生不满情绪，甚至因此怀恨在心。所以，在拒绝他人时，说话方式应该尽量委婉，语气要尽量和缓，尽量使对方能够体会到你的拒绝确实是出于无奈，对于爱莫能助同样感到很遗憾。

2. 一定要照顾对方的自尊心

每个人都有自尊心，当向他人求助时，或多或少都会有不安的心理。如果对于他人的求助，一上来就说"不行"，势必会伤害对方的自尊心，引起他人反感甚至忌恨，从而影响双方今后的交往。所以，当他人向你提出请求时，最好先向对方说一些关心或者同情的话，然后再试图说明自己无能为力的原因，这样既可以赢得对方的理解，使其知难而退，又不伤害对方的自尊心。

以下是几种实用的拒绝妙招。

1. 另指迷津

当自己对别人的请求力不从心或确实很为难的时候，你可以为他介绍几种解决问题的方法，给他提供一些参考和选择。如果你指点的方式方法依然对他毫无作用，相信你的朋友也不会责怪你，毕竟你已经尽力帮他出谋划策了。当然，如果对方因此而成功了，你自然会成为他感激的对象。

2. 借故推辞

有些事不好推辞时，借故说自己要去做别的事，也是一种推托的办法。如果你也遇到类似的情况，不妨试试借故推辞，只要对方足够聪明，肯定会明白你的意思。

3. 适当转移话题

对待他人的请求不一定非得要用"是"或"不是"来回答，把问题本身放置一边就是拒绝的最好方法。如果对方说："我们明天再到这个地方来游玩吧！"你回答"我觉得时间很紧，我们该回去了"，你的答非所问至少会让对方觉得你对这个提议不感兴趣，一听就知道你不愿意答应他的要求。

4. 回避拒绝

对于一些实在很难开口的拒绝的话，我们除了可以采取借故推辞、转移话题等方法之外，还可以运用故意回避或曲解的方式向对方表示拒绝，此外，这种拒绝方式还适用于爱玩"花招"的人，可以使其有苦难言。

钱钟书先生曾经一连说过七个"不"字："不必花些不明不白的钱，找些不三不四的人，说些不痛不痒的话。"总之，拒绝他人不一定意味着要冷面冷脸，只要掌握了拒绝的技巧，并遵循其原则恰当运用，你也会成为一个善于说"不"并懂得如何说"不"的聪明人。

知己知彼解窘境

如果你去拜访别人遭人冷遇，如何能够化解自己的窘境，和对方拉近关系？知己知彼方能百战不殆！

美国柯达公司创始人伊斯曼，曾经捐献巨款建造了一座音乐堂、一座纪念馆和一座戏院。当时许多制造商为了能够承接这批建筑物内价值9万美元的座椅生意展开了激烈的竞争。但是，找伊斯曼谈生意的商人没有一个不是无功而返。正是在这样的情况下，优美座位公司的经理亚当森，前来会见伊斯曼，希望能够得到这笔生意。

亚当森进入伊斯曼的办公室后，看见伊斯曼正埋头于桌上的一堆文件，于是一句话也没有说，只是静静地站在那里仔细地打量起这间办公室来。

过了一会儿，伊斯曼抬起头来，发现了亚当森，而亚当森并没有直接谈生意，而是说："伊斯曼先生，在我等您的时候，我仔细地观察了您这间办公室。我本人长期从事室内的木工装修工作，但从来没见过装修得这么精致的办公室。"

听到这些赞美，伊斯曼显得心情非常好，他放下手中的工作，带着亚当森仔细地参观起办公室来。他把办公室内的装饰一件件向亚当森做了介绍，从木质谈到颜色，从手艺谈到价格，然后又详细介绍了他设计的经过。亚当森饶有兴致地聆听着。

本来秘书警告过亚当森谈话不要超过5分钟。结果亚当森和伊斯曼谈了好几个小时，一直谈到中午。最后伊斯曼对亚当森说："上次我在日本买了几张椅子，我打算自己把它们重新油漆好。您有兴趣看看我的油漆表演吗？好了，到我家去和我一起吃午饭，再看看我的手艺。"直到亚当森告别的时候，两人都未谈及生意。但是最后亚当森不但得到了大批的订单，而且和伊斯曼结下了终生的友谊。

为什么伊斯曼把这笔大生意给了亚当森，而没给别人？如果亚当森一到办公室就谈生意，十有八九要被赶出来。亚当森成功的诀窍就在于他了解谈判对象。他从伊斯曼的办公室入手，以几句温暖的话巧妙地赞扬了伊斯曼的成就和品德，使伊斯曼的自尊心得到了极大的满足，把他视为知己，这笔生意当然非亚当森莫属了。

在与陌生人接触之前，尤其是谈生意，应该先去了解你的生意对象，虽然生意是冷冰冰的，而做生意的人却是有血有肉的。了解对方的性格、背景，针对其不同的特点，多说一些温暖人心的话，有时会比一场严肃的谈判还有用。

做人亲和懂幽默

幽默是一门社会交往的艺术，风趣的情调、诙谐的谈吐是人与人相处的润滑剂。

宋太宗赵光义是一个很有作为的皇帝，不仅具有带兵作战的谋略，也深通治国为人之道。有一天，宋太宗设置宴会招待几名对国家有特殊贡献的大臣，包括殿前都虞侯孔守正和王荣。宴会进行不久，孔守正、王荣二人便醉意朦胧。这时，孔守正开始口无遮拦地夸耀自己的战功，好像在所有的将领中他的功劳是最大的似的。性情急躁的王荣实在听不下去，就和孔守正吵了起来。侍臣们看到二人实在闹得太厉害，就奏请宋太宗把两个人押到礼部问罪。宋太宗笑笑没有同意，反而派人把已经烂醉如泥的两个人送回家中。

第二天，两个人酒醒之后，赶忙到宋太宗面前请罪。见到宋太宗后，两个人诚惶诚恐扣拜谢罪，争相述说自己的不对。宋太宗见到此情此景，竟然幽默地说："哦？你们在说什么呀？朕一点也不明白。朕昨晚也喝得很多，不记得曾经发生过两位爱卿所说的事情啊！哈哈……"

就这样，宋太宗一句幽默的话，把两个臣子心头的顾虑打消了。两人不但没有受到处罚，反而得到了宽慰，他们没有料到皇帝这样宽容大度，对关乎朝廷礼仪的事这样淡然处之，心中都万分感激。从此，二人对宋太宗就更加尽心尽力、忠心耿耿了！

有幽默感的人也是有智慧的人。请人喝酒本是一件很愉快的事情，但是如果因为大臣酒后失态就进行处置，就违背了最初请人喝酒的初衷。聪明过人的宋太宗深明其中的道理，因此对于喝醉酒而不顾君臣之礼的两位大臣，宋太宗不但没有怪罪，反而用幽默的语言宽慰他们，这样既维护了礼仪，也给了别人一个台阶下。宋太宗佯醉，但对于大事最清楚。

幽默大师查理·卓别林说过："幽默是智慧的最高体现，具有幽默感的人最富有个人魅力，他不仅能与别人愉快相处，更重要的是拥有一个快乐的人生。"

赞美和幽默是最受欢迎的语言

人们大都爱听赞美的话，即便对方的夸赞有奉承之嫌。人们也喜欢和幽默的人交往，在欢声笑语中谈事情。赞美和幽默是开启你和别人说话时欢乐之门的钥匙。

赞美助人打开成功之门

赞美别人要像送礼一样。送礼要送对方需要的物品，赞美要说对方希望听的话。适当的赞美有助于一个人事业取得成功。

1911 年，安德鲁·卡耐基提名斯瓦伯为新成立的美国钢铁公司第一任总裁时，斯瓦伯才 38 岁。斯瓦伯后来接管当时陷入困境的贝氏拉罕钢铁公司，经过他重新部署，这家钢铁公司变为全美获利最多的公司之一。为什么卡耐基每年要花 100 万美元聘请斯瓦伯呢？难道斯瓦伯是个了不起的天才？还是他对钢铁生产比别人懂得多？都不是。斯瓦伯说过，许多在他手下工作的人，对钢铁制造其实比他懂得多。斯瓦伯说他之所以获得高薪，主要是因为他善于处理人际关系。当别人问他是如何做到这一点时，他讲了下面这段话：

"我想，我天生具有激发人们热情的能力。促使人将自身能力发挥到极限的最好办法，就是赞美和鼓励。世上最容易扼杀一个人的志气的，莫过于上司或长辈的批评。所以，我从不批评他人，我相信激励才能使人努力工作。所以，我喜欢赞美而讨厌吹毛求疵。如果说我喜欢什么，那就是真诚、慷慨地赞美他人。"

这就是斯瓦伯成功的秘诀。斯瓦伯说："在我的一生中，我接触过世界各地许多著名人物，我还没有找到一个人，无论多么伟大或尊贵的人，在遭受指责的情形下，比在受到认可的情况下，更能奋发工作。"

赞美是一门学问，更是一种艺术。精通赞美的艺术，能够擦亮我们的眼睛，开阔我们的心胸，使我们在人际交往中如鱼得水，游刃有余。

赞美的话人人爱听

对别人说出恰当的赞美之言，不是特别难做到的事。人们对得到赞美的欲望，其强烈程度堪比对食物和睡眠的需要。这就是弗洛伊德所说的"渴望伟大"，或杜威所说的"希望具有重要性"。

我们对自己的家人也要由衷地表示赞美，因为，赞美是维系家庭幸福的不二法门。一个不懂得对家人表示赞美的人，必然会引起家人的反感，因为他没有对家人表示应有的尊重。请看一下下面这则故事：

有一位家庭主妇，辛苦了一天以后，在她的男人面前放了一大堆牧草。当他愤怒地问她是否发疯的时候，她回答说："我怎么晓得你们会注意到吃的是什么东西！我已经为你们煮了 20 年的饭，一直没有听到你们说过什么感谢的话，好让我知道你们不是在吃牧草。"

在好莱坞，明星离婚很常见，但是华纳·白斯特的婚姻，却是少数特别幸福婚姻中的一桩。

白斯特太太婚前的名字是魏妮菲·布瑞苏，她放弃了如日中天的舞蹈事业结婚了，但从来没有后悔过。"她失去了在舞台上接受大众喝彩的机会。"华纳·白斯特说，"但我却尽一切努力，要使她知道我对她的喝彩。如果女人要从她丈夫之处得到快乐，那一定是得自他的赞赏和忠实的热爱。"

婚姻如此，与人交往也是如此，实事求是，对不同的人说出不同的赞美之词，会使人际间的交往更顺畅。

多给对方说话的机会

在与他人交谈时，即使我们不同意他人的意见，也不要阻止他人说话，因为这样只能起到相反的作用。耐心听他人讲话，并诚恳鼓励对方发表自己的意见。我们来看看下面这个例子：

数年前，美国最大的一家汽车工厂正欲采购一年中所需要的坐垫布。三家有名的厂家已经做好样品，并接受了汽车公司高级职员的检验。然后，汽车公司给各厂发出通知，让各厂的代表做最后一次竞争。

有一位厂家的代表——玛尔特先生来到了汽车公司，他正患着严重的咽喉炎。"当我参加高级职员会议时，"玛尔特先生说，"我嗓子哑得厉害，几乎不能发出声音。我被引到办公室，与纺织工程师、采购经理、推销主任及该公司的总经理面谈。我站起身来，想努力说话，但我只能发出尖锐的声音。大家都围桌而坐，所以我只好在本子上写了几个字：诸位，很抱歉，我嗓子哑了，不能说话。'我替你说吧。'汽车公司的总经理说。后来他真替我说话了。他陈列出我带来的样品，并称赞它们的优点，于是引起了在座其他人活跃的讨论。那位经理在讨论中一直替我说话，我在会上只是微笑点头及做出少数手势。

"令人惊喜的是，我得到了那笔合同，对方订了50万米的坐垫布，价值180万元——这是我得到的最大的订单。

"我知道，要不是我实在无法说话，我很可能会失去那笔合同，因为我对于整个过程的考虑也是错误的。通过这次经历，我真的发现，让他人说话有时多么有价值。"

虽然一个拥有绝妙口才的人，可以达成多次协议的成功，但在有的时候，故意沉默，给对手说话的机会，却可以使事情进行得更顺利。

不抢别人话题

在日常生活中，我们经常会遇到一些这样的人，老是打断别人的话或抢别人的话题，结果弄得大家都不愉快。

例如，你与朋友在谈论一个话题，正就此发表自己的见解，可对方听到一半，还未等你说完，就突然插话，发表自己的一些观点，或者，当你在讲一件事情，刚讲个开头，恰巧这件事情是对方曾经听过的，他便不假思索地马上打断你，让你不知道是不是需要继续讲下去。很显然，这种打断别人说话的行为很无礼。

培根曾说："打断别人，乱插嘴的人，甚至比口无遮拦者更令人讨厌。"有的人在别人津津有味地谈着某件事情的时候，冷不防地半路杀进来，让别人猝不及防，不得不偃旗息鼓。这种随便插话的人会让对方顿生厌恶之感，因为随便打断别人说话是不尊重他人的表现。

随便打断别人说话或中途插话，是有失礼貌的行为，但有些人却存在着这样的陋习，结果往往在不经意间就破坏了自己的人际关系。

王丽是一个活泼大方、性格开朗的女孩，闲暇之余总喜欢找人聊天，可是王丽身边的朋友却很少。王丽刚到了一个新的工作岗位，谦虚热情的王丽很快赢得了大家的喜欢，可是渐渐大家都疏远她。原来，在工作之余，王丽总是喜欢找同事聊天，而且聊天时还喜欢插话。她一直想改掉这个插话的毛病，可是一旦和别人聊起天来，就会把这事情抛在脑后。有一次，她在和同事李芳聊起明星八卦的时候，本来只是闲聊，李芳无意中提起，某人和某人最近传绯闻了，李芳才说了两句，王丽立刻就打断了李芳的话，自己滔滔不绝地说起来。李芳见状换了话题，说起自己对人生的看法，可是没说两句又被王丽给打断了。直到最后，一直都是王丽在滔滔不绝地讲话，完全不给李芳说话的机会。可是王丽却没有感觉到李芳的不快。她的这种说话方式已经成了一种习惯。下一次，王丽又找李芳聊天，可是李芳却推辞了。

之后王丽又找其他同事聊天，可是和她聊过一两次以后大家都不愿意再和她聊天了。王丽很郁闷，想要改掉随意插话的坏毛病，可是总改不了。有一天，公司所有成员开会，领导说到一个问题的时候，出现了一个小错误，大家都听出来了，可是领导自己还没有意识到，王丽立刻打断了领导的发言，纠正了领导的错误，领导很欣然地接受了，还说王丽做得好，领导有错就应该指出来。王丽听到领导的表扬，还很得意，不久后，王丽就被通知调到别的部门。王丽这时候才意识到随意插话这个坏毛病让自己自食其果了。

无论你对一个新的话题多么感兴趣，多么想发表自己的见解，都不要随意打断别人的话题，你要默默地将想说的话记在心中，直到对方说完，再发表自己的见解。正在讲话的人最讨厌的就是别人打断自己的话，这样做会让人家觉得你不尊重他。

一个人正与几个客户谈生意，谈得差不多的时候，他的一位朋友来了。这位朋友插话说："哇，我刚才在大街上看了一个大热闹……"接着就说开了。他示意朋友不要说，而这个朋友却说得津津有味。客户见谈生意的计划被打乱了，就对他说："你先跟你的朋友谈吧，我们改天再来。"客户说完就沉着脸走了。这位朋友乱插话，搅了这个人的一笔大生意，让他非常恼火。

很多人非常喜欢表达自己的观点，但如果不去了解别人的感受，不分场合或时机就打断别人说话或抢接别人的话头，这样会扰乱他人说话的思路，引起对方不快，有时甚至会产生不必要的误会。

在人际交往中，如果你想让别人喜欢你，接纳你，就必须根除随便打断别人说话的陋习，当要打断别人时，提醒自己多给别人一些表达的机会。我们如果在生活中遇到这类人，可以起初多给他们一些自我表达的机会，等他们把自己的观点谈得差不多了，然后用语言暗示："现在我可以说了吗？"也可以善意提醒对方："希望我说的时候，你先不要插话，好吗？"这种方式会提醒对方调整自己的人际沟通方式，实现与他人更顺畅地交流。

让别人拥有成就感

法国哲学家罗西法考说:"如果你要树敌人,就胜过你的朋友;但如果你要得到朋友,那就让你的朋友胜过你。"

为人处事,要懂得谦逊,懂得尊重别人,有时故意让他人出出风头,使其拥有成就感,更利于人际交往。

伦敦有一位年轻的律师,他参加了一个重要案子的辩论,这个案子牵涉到一大笔钱和一个重要的法律问题。在辩论中,一位最高法院的法官对年轻的律师说:"海事法追诉期限是六年,对吗?"律师愣了一下,看看法官,然后率直地说:"不。庭长,海事法没有追诉期限。"

后来这位律师回忆说:"当时,法庭内立刻静默下来,似乎连气温也降到了冰点。虽然我是对的,他错了,我也如实地指了出来,但他却没有因此而高兴,反而脸色铁青,令人望而生畏。尽管法律站在我这边,但我却铸成了一个大错,居然当众指出一位声望卓著、学识丰富的人的错误,其实我完全可以巧妙地指出来。"

这位律师确实犯了一个错误,在指出别人错误的时候,应该做得更高明一些。因此,在社交场合,我们对于自己的成就必要时可轻描淡写地说出来。指出他人错误时要巧妙,不能太直接。这样才不至于因为说话而得罪人。

讲话要"有的放矢"

当我们与他人交往时,可以多谈及对方身上的闪光点,那么对方就可能对我们有一种"相见恨晚"或"恰逢知己"的感觉。

在结识一个从未打过交道的陌生人时，可以事先做好充分的准备。一方面，可以通过多种渠道先了解对方的背景、经历、性格、喜恶；另一方面，在对对方的基本情况了如指掌的前提下，设想有可能出现的问题，做好以不变应万变的心理准备。然后，在交往之中针对对方的特点有的放矢，使对方对你产生"相见恨晚"的感觉，从而促使交谈成功。

凯恩是一个铁匠的儿子，连中学都没有上过。但他去世时，却是世界上最富有的文人。他喜欢诗歌，读遍了罗斯蒂的诗，并且写了一篇文章，赞扬罗斯蒂的诗，同时将文章送给了罗斯蒂本人。罗斯蒂非常高兴："一个青年对我的诗有这么高的见识，一定非常聪明。"所以，罗斯蒂邀请这位铁匠的儿子到伦敦去做他的秘书。这是凯恩一生的转折点，因为他在新的位置上结识了许多文学家，受益于他们的见识，并得到他们的激励，他创立了自己的事业，使自己名扬世界。

有的放矢，可以使双方越谈越投机，迅速拉近距离，增进感情，实现交往的目的。

会说"窝心话"，赢得好人缘

会说"窝心话"，让听者心情愉悦，容易与你所说的话产生共鸣。

鲁国姓施的一家有两个儿子，一个爱好学问，另一个爱好兵法。爱好学问的那个儿子以仁义的道理去游说齐王，结果，齐王接纳了他，并让他担任众公子的老师。爱好兵法的那个儿子用兵法去游说楚王，楚王很高兴，遂任命他为军师。这两个儿子的俸禄使他们的家变得富有，这两个儿子的官位使他们的亲人感到荣耀。

这两个人就是会说话，把话说到了齐王和楚王的心里。

生活中，有"会说话"的人，也有"不会说话"的人，"不会说话"的人不了解对方的心理就讲话，往往弄巧成拙。

上一个故事中，施家的邻居姓孟，也有两个儿子，他们的专长跟施家的儿子一样，一个爱好学问，另一个爱好兵法。孟家家境贫寒，非常羡慕施家的富有，于是就来施家请教致富之道。施家的两个儿子据实告诉了他们。

后来，孟家爱好学问的儿子到秦国，以仁义的道理游说秦王。秦王说："当前诸侯争战激烈，迫切需要的不外乎是练兵与筹饷。倘若用仁义来治理我国，则是自取灭亡。"于是，秦王就对他施了宫刑，然后释放了他。

孟家另一个爱好兵法的儿子前往卫国，以兵法游说卫国的国君。卫王说："我们是个国力衰弱的国家，而且目前正夹在大国之间，对于大国，我们要服从，对于小国，我们要安抚，这才是我们求取平安的方法。倘若依靠兵力，那么我们很快就会亡国。如果让你全身而退，你再到别国游说，那对我国可能造成的祸害可不轻啊！"卫王遂命人砍掉他的双脚，再将其放回鲁国。

孟家的两个儿子回到鲁国后，他们父子捶胸顿足地向施氏抱怨。

施氏说："但凡能把握时机的人就能昌盛，而断送时机的就可能会灭亡。你的儿子们跟我的儿子们拥有同样的学识，但建立的功业却大不相同。原因是你的儿子们错过了时机，而非他们在方法上有何错误。况且天下的道理并非永远是对的，天下的事情也并非永远是错的。以前所用，今天或许就会被抛弃；今天被抛弃的，也许以后还会派上用场。这种用与不用，并无绝对的客观标准。如果您的儿子懂得见机行事，肯定不会有此下场。"

可见，一个人必须懂得见机行事，把话说到点儿上，因为处事并无固定法则，一切都取决于人的智慧。假如智慧不足，即使拥有渊博的学问，拥有精湛的战术，也可能遭遇挫败。

幽默开启欢乐之门

许多名人和政治家都善用幽默来制造欢快的气氛，或应付一些棘手的问题。在寒暄中用幽默的话赞美对方，可以拉近双方的关系，取得意想不到的效果。

其实，学会幽默并不难。幽默的语言有时可以融化一座"冰山"。

在平时的工作及生活中，在适当的场合懂得幽默，不仅能为自己赢得好人缘，更能帮助自己在人际交往中游刃有余。

1. 巧用幽默助交往

巧妙恰当地运用幽默，可以使原本紧张的气氛变得缓和，使严肃的话题变得轻松，棘手的问题也可能就迎刃而解了，说不定还会使他人对我们产生好感。我们来看下面这个例子：

推销员小张说："您好！我是×××保险公司的小张，这是我的名片。"

"喔……"客户接过名片。

对方端详了名片一阵后，抬头慢条斯理地说："前几天曾来过一个保险公司的推销员，他话还没说完，就被我赶走了。我是不会投保的，你多说也没用。我看你还是快走吧，免得浪费时间。"

小张说："谢谢您的关心！但我还是想请您听一听我的介绍。在您听完我的介绍之后，如果仍然不感兴趣的话，我立刻走。无论如何，请您抽点时间给我吧！"他一本正经，甚至还装作有点生气的样子。

这位客户听了忍不住哈哈大笑着说："到时候你真的会走吗？"

"当然！"他一边回答，一边用手指指门。

"呵呵，你等着瞧吧，我非要你走不可。"客户说。

"好啊！既然不想走，我非要用心介绍不可啦！"话说到此，他脸上的表情突然从"严肃"变为"鬼脸"，客户也和他不由自主地一起大笑起来。

于是，这位推销员就轻松地开始了自己的推销。

运用幽默活跃气氛，往往能拉近彼此间的距离，这是破除隔阂的绝招之一。

还有，运用幽默一定要事先有所准备，要根据不同的对象、不同的情况、不同的环境，选择不同的幽默形式和内容，千万不要弄巧成拙。

幽默能帮助你与他人顺利地沟通和交往，帮助你解决好人际关系方面的问题，使你顺利地解决困难，使你的工作增色不少。以幽默来推销自己，推销产品，并与客户进行坦诚地沟通，能使你在工作中获得不错的结果。

2. 幽默要看场合

幽默不仅能使人际关系和谐融洽，有时候还可以帮你摆脱尴尬的处境，营造出一个愉快的工作氛围。

美国历史上许多重要人物，如林肯、罗斯福、威尔逊等都懂得幽默。有一次，林肯与一位朋友边走边交谈，当他们走至回廊时，一队早已等候多时、准备接受总统训话的士兵齐声欢呼起来，但那位朋友还没有意识到要退开。这时一位副官走上前来提醒他退后八步，这位朋友才发现自己的失礼，立即涨红了脸。但林肯立即微笑着说："白兰德先生，你要知道也许他们还分辨不清谁是总统呢！"就这么一句简简单单的话，立刻打破了现场的尴尬，使气氛活跃起来。

那么，怎样才能使自己富有幽默感呢？平时要博览群书，拓宽自己的知识面。知识积累得多了，与各种人在各种场合接触就会胸有成竹、从容自如。生活中要心宽气朗，对生活充满热忱，多参加社会交往，多接触形形色色的人，增强社会交往能力，逐渐提升自己的幽默感。

幽默的语言能带给人快乐，但并不是随时随地都可以运用。例如在一个正式的会议上，当别人发言时，你突然冒出一两句逗人的话，也许大家会被你逗笑。但那位发言的人心里肯定认为你不尊重他，对他的发言不感兴趣。

幽默要适时地表现才会发生作用。当下属疲劳得快进入睡眠状态时，上司若能适时幽默一下，整个沉闷的气氛都会为之改观。还有，在开会或聊天时，如果有人因为口无遮拦而伤害了他人的自尊心，此时，如果以幽默的言语，设法转变话题，就能使大家脱离窘境。

恰到好处的幽默是智慧的体现。当我们掌握了社会交往中幽默的艺术时，就会发现与人沟通其实是一件轻松而让人愉悦的事。

适时适当"开玩笑"

有位钢琴家在某地一家歌舞剧院演奏贝多芬的名曲时，因天气寒冷，进场的听众不多，剧场内有一半的座位空着。一些来听钢琴演奏的人也左顾右盼，心里似乎很不安。这有点出乎钢琴家的意料。为了改变这种尴尬的局面，钢琴家开了一个玩笑，他说："朋友们，我发现一件奇怪的事情，这个城市里的人都很有钱，因为我看到你们每个人都买了两三个座位的票。"听众一听，顿时开心地大笑起来。

这位钢琴家的一个玩笑，使现场的气氛立即活跃起来，尴尬的局面就在哄堂大笑中顿时化解。接着，大家便聚精会神地听他演奏了。

开玩笑本来是人与人之间交往最常见的一种活跃气氛的方式。它可以创造一个和谐、轻松的谈话氛围。但是，如果开玩笑不掌握分寸，则会造成严重的后果。

有一次，美国总统里根到国会去参加一个会议。开会前，为了试一试麦克风是否已接通，他便信口开了一个玩笑："先生们请注意，五分钟后，我将对苏联进行轰炸。"全场立刻哗然。后来，苏联针对此事提出了强烈抗议，搞得里根很狼狈。由此可见，玩笑过度，将会造成无法挽回的后果。

开玩笑必须内容得体，乱开玩笑可能会惹麻烦。如果笑料过于庸俗，或开过了头，便可能伤害别人的自尊和感情，破坏人际关系。所以，开玩笑一定要注意场合，把握尺度。

由此喻彼"进言法"

在工作中，领导有时会遇到一些分外棘手的难题，需要听取下属的意见再做决策。领导对这类问题常持有非常谨慎的态度，如果下属不能把道理讲透，领导就很难接受并无法及时做出决策。此时，聪明的下属可以引用现实生活中的事例生动形象地讲道理，借此来打动和感染领导，促使他做出正确的决策。

在一个新学期的开始，某校长向全体教师宣布，从本学期开始，教师津贴由原来的每月 10 元增加到 20 元。可是，消息宣布还不到两个月，学校由于财政紧张，兑现有些困难。这位校长便召集中层以上干部讨论，是否将教师津贴恢复到原先的 10 元。会议开始后，一位中层干部站了起来，他说："既然这种补贴是以增加的方式在进行，就不能随意更改。我们可以想一下，如果是在冬天，一个人穿着保暖的内衣内裤，他并不觉得冷。可如果有人再给他披上一件大衣，过一会儿，却又把大衣拿掉，他就会感到冷，而且会冷得很厉害。这种体会想必大家都有过。咱们这 20 元的教师津贴就像那件大衣，不过大衣拿掉只是身上冷，但如果把增加的教师津贴拿掉会使人心冷，因此，我建议克服一切困难也要使 20 元的教师津贴兑现。"

这一席话，说得大家点头称是。后来学校通过多方面努力，增加后的教师津贴终于得到如实兑现。

在这个例子中，这位中层干部，为了说服校长与其他领导克服困难使教师津贴得以兑现，就打了一个生动的比方。他讲述了一个日常生活中的日常事例，生动地阐发了不能拿掉津贴的道理，使领导切身体会到了减少津贴后教师们的内心感受，明白了其中的道理，从而做出了正确的决策。

　　要知道，再开明的领导其实内心也不会喜欢过于直白的建议和批评，因为这直接使领导的权威受到了置疑和挑战。所以，在向领导进言的时候，我们可以用由此喻彼的方法，在潜移默化中，让领导接受自己的意见。

"进攻"与"防御"——让你的演讲滴水不漏

在人际交往中，难免会有双方意见不一致的时候。想要说服对方，就需要动之以情，晓之以理，既要坚持自己的原则，让对方接受你的意见，又要巧妙地说服别人。不管是对别人的话"进攻"还是"防御"，都要让你的话滴水不漏。古人云："尊人者，人尊之。"只有尊重自己的交往对象，交往对象也才会尊重你。讲话的内容可以不同，但方式必须温和，必须在真诚与尊重对方的基础上谈话。

语言上的尊重是最直观的尊重

尊重是人际交往顺利进行的前提。尊重他人，沟通就有了良好的开端。没有尊重的沟通是不可能持续下去的。交谈双方只有相互尊重，才能维持融洽的谈话氛围，让对方乐于接受你的观点。

许多人认为，对别人的尊重应该是发自内心的，不需要特意表现出来。其实，很多人都希望自己被尊重，并且希望自己得到的尊重为他人所了解。因此，对别人的尊重是要表达出来的，让对方感觉到你对他的尊重十分有必要。

一个颇有名望的美国富商在路边散步时，遇到一个衣衫褴褛、体形消瘦的摆地摊卖旧书的年轻人，在寒风中啃着发霉的面包。有着同样苦难经历的富商顿生怜悯，便不假思索地将8美元塞到年轻人的手中，然后头也不回地走开了。没走多远，富商忽然觉得这样做不妥，于是连忙返回来，从地摊上捡了两本旧书，并抱歉地解释说自己忘了取书，希望年轻人不要介意。最后，富商郑重其事地告诉年轻人："其实，您和我一样，也是商人。"

几年之后，富商应邀参加一个商贾云集的慈善募捐会议，一位西装革履的年轻富商迎了上来，紧握着他的手不无感激地说："先生，您可能早忘记我了，但我永远也不会忘记您。我一直认为，我这一生只有摆地摊乞讨的命运，直到您亲口对我说，我和您一样都是商人，这才使我树立了自信心，从而取得了今天的业绩……"

富商万万没有想到，几年前自己一句普通的话竟能使一个自卑的人树立了自尊心，使一个穷困潦倒的人找回了自信心，使一个自以为一无是处的人看到了自己的优势和价值，终于通过努力获得了成功。

不难想象，这位富商当初即使给年轻人很多钱，若没有那一句尊重鼓励的话，年轻人的人生可能也不会出现剧变，这就是尊重的力量。

现实生活中，我们要学会尊重每一个人，无论一个人的身份多么卑微，穿着多么寒酸，都应该得到他人的尊重。要知道，人没有高低贵贱之分，而且尊重别人就是在尊重自己。

迈克就曾因不尊重他人，而付出了沉重的代价。

迈克是一家小服装公司的领导，其公司的产品大都通过一家外贸公司销往国外。迈克的公司与这家外贸公司长期合作，保持着很好的业务往来。外贸公司的胖子经理就如同迈克的"财神爷"一样受到迈克的欢迎。

在一次谈判中，迈克极力劝说外贸公司和他们扩大贸易范围，但胖子经理就是不答应。迈克费尽了口舌，依然一无所获。此时，迈克恼羞成怒，胖子经理刚走，他就对手下人说："你看那胖子，往公司大门口一站，蚊子只有侧着身子才能过来。"恰巧这时胖子经理回来取落下的手机，正好听到了迈克的嘲讽。

胖子经理望了望迈克，拿起东西就走了，迈克甚是尴尬。之后他多次想方设法赔礼道歉，但胖子经理始终不予理会。这样，他们两家公司也就逐渐减少了合作，直至分道扬镳。迈克为此损失甚多。

我们都希望赢得别人的尊重，却往往忘了尊重别人。"己所不欲，勿施于人"是尊重他人的基本原则。心理学研究表明，人们渴望自立、平等地同他人进行沟通。如果你能以平等的姿态与人沟通，对方会觉得受到尊重，对你产生好感；相反，如果你自觉高人一等、居高临下、盛气凌人地与人沟通，对方会感到自尊受到伤害，拒绝与你交往。

"人不如己，尊重别人；己不如人，尊重自己。"无论身处何位，尊重别人与自我尊重都一样重要。一个人只有懂得尊重别人，才能赢得别人真正的尊重。

懂得照顾别人的"面子"

凡事面前，不要只为自己着想，懂得照顾别人的面子，对人对己都有利。

郭解是西汉时期的一位侠客，在当时很有声望。有一次，洛阳的某人因与他人结怨而心烦，多次央求地方上有名望的人士出来调停，对方就是不给面子。后来他找到郭解，请他来化解这段恩怨。郭解接受了这个请求，亲自上门拜访委托人的对手，做了大量的说服工作，好不容易使这人同意了和解。照常理，郭解此时不负人所托，完成了这一化解恩怨的任务，可以走人了。可郭解有高人一着的棋，有更技巧的处理方法。

一切讲清楚后，郭解对那人说："这件事，听说当地许多有名望的人也来调解过，但都没有调解成功。这次我很幸运，你也很给我面子，我把这件事解决了。但我毕竟是个外乡人，占这份功劳恐怕不好。本地人出面不能解决的问题，由我这个外乡人解决了，未免会使本地那些有头有脸的人感到丢面子。"他进一步说，"所以，我想请你再帮我一次，从表面上让人以为我没办成，等我明天离开此地，本地几位头面人物还会上门，你把面子给他们，算是他们调解成功的，好不好？拜托了！"

郭解很懂得照顾别人的面子，因为他知道，那些当地的头面人物是爱面子的人，不能轻易得罪了他们，所以自己还是当个幕后英雄比较好，成全他们的美名。

人际交往中，只有顾及别人的面子，别人才会给你面子。

"先硬后软"有奇效

在人与人交往的过程中，"先礼后兵"是常用的策略，反过来，"先硬后软"的策略同样也会有出其不意的效果。

乌尔伦·伯瑞是一位图书推销商，常常挨家挨户地推销他的图书。日积月累的经验使他懂得怎样把书卖给那些并不打算买的人。他有一副好嗓子，音色浑厚，而且他说话也很讨人喜欢，常常逗得人们哈哈大笑。他衣着干净整洁，穿着讲究，属于那种人们一见面就会立刻喜欢上他的人。这一点他心里十分清楚。总而言之，他是一个成功的推销员。

一天，他来到一户人家推销。"早上好，小姐，"他说，"我想你也许有兴趣买一本《世界历史》。这套书一共有 12 本，我拿出其中的一本让你瞧瞧，里面的插图漂亮极了……"

"实在对不起。"她打断道，"我正在做饭，没闲工夫来谈论历史。我得马上回厨房看看。"不等他回答，她就把门重重地关上了。

这次谈话如此快就结束了，着实让伯瑞吃了一惊。他不甘心就这样离开，于是绕着房子走了一圈，然后敲响了后门。开门的仍然是那位年轻的小姐。"又是你！"她尖叫道。

"哦，"他说，"你刚才告诉我你在厨房忙得不可开交，所以我只好不嫌麻烦绕到后边来。"她让伯瑞进了门，请他坐下。

伯瑞坐下来，他有信心劝这位小姐买一本书。她在做饭时，他就用他那迷人的声音向她讲述着拥有这本书的所有好处，更没有忘记提醒她，这书很便宜。

"等一等。"她突然打断他，随后离开了厨房。他听见她在屋里的什么地方拉开抽屉。不一会儿，她回到了厨房，手里拿着笔记本和铅笔。她放下手中的活儿，与他一块儿坐到了桌子边。"请继续讲。"她说。

于是，伯瑞又开始讲起来，她则一边听，一边认真地记着笔记，中途还不时叫他把刚才讲的重复一下。谈话结束后，伯瑞合上书，问道："你觉得怎么样？你难道不认为买一本是明智之举？"

"哦，不！"她吃惊地说，"一开始我就告诉过你，我对历史不感兴趣，当然不打算在一本历史书上花大量的钞票。"随后，她打开后门，并做出一个"请"的姿势。

"但你为什么要做笔记呢？"伯瑞问道。

她回答道："我弟弟与你是同行，他也是挨家挨户去推销他的书，但一直不成功。"

不管这位聪明的小姐是否真的有个做推销员的弟弟，反正她用这种方法向优秀的推销员伯瑞学了一招。

很多好胜心强的人是不畏惧"硬钉子"的，但是在"硬钉子"后再给他一个"软钉子"，恐怕人就心软了。

以理服人，以情感人

所谓以情感人，就是要和对方在思想感情上多沟通。古人云："感人心者，莫先乎情。"对于说服别人，在很大程度上可以说就是情感的征服。善于运用情感技巧，动之以情，才能打动人心，说服别人，这就要以情感人。

所谓以理服人，就是讲道理。简单的事情，一些小道理，用一两个典型事例，再加上简明扼要的分析，就足以能够将其讲清楚、讲明白。复杂的事情，一些大道理，涉及多方面的因素，触动一点就牵动全局，必须全方位、多层次、多角度地进行一系列的说服工作，从多方面展开心理攻势，用严密的逻辑推理将对方说服。

俗话说："情不通，则理不达。"只有通情才能达理，因受感化而接受的道理，最能铭记于心。"理"离开了"情"，"理"便显得苍白无力，有谁愿意去听呢？所以，正确认识"以理服人，以情感人"是说服他人的关键。

以理服人，以情感人，关键在于帮助对方产生自发的意志，激发其行动的力量，如此才能取得良好的言语效果。

批评要因人而异

如果明明知道某个人的性格较为冲动，批评的言辞不能过于尖刻，而应该心平气和委婉地批评；如果某个人性格温和稳重，则可以顺应他的性格，娓娓道来。所以说，你的讲话风格应该尽量迎合沟通对象，与他合拍。

一个很自卑的人犯错时，我们给予其适当的安慰，这会胜过千言万语，因为他本身已经非常自责；而一个很爱面子的人犯了错，我们就要一边批评一边给他台阶下，他会及时纠正自己的失误；对于一个心服口不服的人，我们没有必要死抓不放，重要的还是看他自己的行动。

批评最好点到为止，不能紧抓别人的错不放。可以这样说："事情既然发生了，我们最重要的还是从中吸取教训吧！"关于批评，有以下几点技巧可以参考：

1. 切勿当众批评孩子

当众批评孩子会伤害孩子的自尊心，甚至使孩子失去自信。家长可以试试用眼神、手势等进行暗示，给孩子充分的尊重，这样往往能收到好的效果。

小华和小丽跟着她们的爸爸参加同一个宴会。人还没到齐，但是小华和小丽看着饭桌上香喷喷的饭菜，口水都要流下来了，所以她们几乎不约而同地拿起了筷子。

小华的爸爸看到了，气得大声呵斥小华："把筷子给我放下！太不懂礼貌了，客人还没到齐呢。你一个女孩怎么这么嘴馋？"

顿时，所有人的目光都集中到了小华的身上。小华羞愧难当，眼泪在眼眶里直打转，她默默地放下筷子，再也没抬起头。小丽的爸爸则不同。他看到小丽的行为，悄悄地碰了碰小丽的胳膊，然后冲小丽微笑着摇摇头，小声说："乖女儿，再等一下客人，你最懂礼貌了。"小丽立即把筷子放了回去，然后冲爸爸做了个鬼脸。

我们能理解小华爸爸的感受，他认为在大庭广众之下，女儿这样做是没有教养的表现。但孩子毕竟是孩子，面对一桌香喷喷的饭菜想忍住馋劲儿是一件比较困难的事情，像他这样大声呵斥孩子，可能孩子以后不会再犯同样的错误，但稚嫩的心灵很可能因此受到了很深的伤害。

2. 批评他人要温和

善意地批评别人要适度、要真诚。用这样的话开头可能效果更好："可能你也不明白什么地方出了错。""这件事情你也尽力了，虽然结果还是出了错。"真诚往往最能够打动人。谁愿意犯错误呢？特别是当犯错的人内心已经很自责时，他更加需要别人的心理支持。因此，多说说这样的话，远比批评更有效："我想你现在可能很难受。我们找个时间，一起分析一下失误的原因好吗？"

恶言指责会让人陷入恶劣的情绪之中，甚至使人丧失理智和判断力。就像这样的话："我都跟你说过多少遍了？你为什么总犯同样的错误呢？""我看你真的是无可救药啦！"

我们不能不顾时间、场合、对方的性格、心理，就劈头盖脸、冷言冷语地批评别人，这样很可能达不到批评的目的。有时，即使对方意识到了自己的错误，也会被批评者恶劣的态度激怒，强词夺理，拂袖而去，弄得不欢而散。

所以批评时一定要注意自己的态度和言辞，另外，批评之后再安慰，对方难过的心情也会得到缓解。比如可以这样说："××，你在这方面的确是犯了错误。当然，你也不要太往心里去，领导批评你也是为了让你把工作做得更好。你还年轻，刚参加工作不久，很多方面经验不够，但是你很有潜力，只要改正错误，继续努力，以后你一定会做得更加出色的！"

年轻的莫泊桑向著名作家布耶和福楼拜请教诗歌创作。两位大师一边听莫泊桑朗读诗作，一边喝香槟酒。布耶听完后说："你这首诗，句子虽然疙里疙瘩，像块牛蹄筋，不过我读过更坏的诗。这首诗就像这杯香槟酒，勉强还能吞下。"

这个批评虽严厉，但留有余地，给了对方一些安慰。

用温和委婉的语言指出对方的错误，容易让对方承认错误并愿意改正，这就是批评的艺术。所以，批评别人之前要先反思自己，把你的愤怒、埋怨、责怪、忌妒等不良情绪先清理一下。

3. 批评点到为止，不可没完没了

当你批评对方、指出对方的错误时，话语要力求简明，最好只用一两句话就使对方明白，然后立即转到别的话题。不要喋喋不休地列举对方的过错，以免让别人觉得你老是揪住他的"小辫子"不放。不要滔滔不绝讲个不停，使对方没有时间和机会来思考你所提出的意见。

心理医生常常在讲话时有意停顿几秒钟，以观察对方是不是有话要说，同时他还会不断运用沉默来暗示对方思考自己讲过的话并鼓励对方提出问题，这样可以有效促进医生和咨询者之间产生共鸣。同样，批评也是如此。如果只顾自己不停地讲话，而不给对方表达、理解、接受的机会，就达不到沟通交流的效果，对方会认为你在把自己的意见强加于他。

妙语精言，不以多为贵。批评人，话不在多，而在精妙。言语精炼，往往能一语中的，使听者在短时间内获得较多的信息；一语道破，使对方为之震动，幡然醒悟。如果拖泥带水，东扯西拉，会让听的人不得要领，如在云里雾里，就达不到批评的目的了。

另外还要注意，批评一次让对方知错就行了，以后不要总是一而再、再而三地提起。要想使人对自己的过错加以注意，一次提醒就够了，批评多了可能给人造成负面的心理暗示，使人不自觉地又一次犯同样的错误。而且，批评一次人一般都可以接受，也愿意改正，可如果你总是抓住人家一点小错误不放，总是没完没了翻旧账，就会激怒对方。

4. 批评要注意方式

批评的正确目的在于帮助别人进步。所以，批评他人要注意以下几点：

批评尽量在私下进行，对事不对人。批评时要让对方认识到自己的错误，并使其心服口服，积极改正错误。批评最好在友好的氛围中结束。

批评时，一定要根据对象改变方式。对年轻人可语重心长地直接批评（告诫）；对年长的人要略微提醒点到为止；下级对上级、晚辈对长辈要以身作则促使对方反省。

5. 批评要选择适当的时机和场合

人在生气时不宜批评别人，因为气头上的话大多带有情绪，这样难免会让被批评者听着不入耳，甚至可能引发矛盾扩大事端。人在生气时，不要在言语上逞强，可以待双方冷静后再诚恳地指出别人的不当之处。

意见不合委婉说

当与他人意见不合、又想坚持己见时，不可以对他人讥讽嘲笑，横加指责，要委婉地表达自己的立场，这样更容易说服对方。

1940 年，处于战争前线的英国已经没有资金从美国"现购自运"军用物资，一些美国人没有看到唇亡齿寒的严重事态，想放弃援助。总统罗斯福在记者招待会上宣传《租借法》以说服人们，为国会通过此法成功地营造了舆论氛围。

罗斯福并未高声指责人们目光短浅，这样只会触犯众怒而适得其反，他妙语连珠、以理服人，使人们心悦诚服。罗斯福说："假如我的邻居失火了，消火栓在四五百英尺以外，我有一段浇花园的水龙带，要是给邻居拿去接上水龙头，就可能帮他把火灭掉，以免火势蔓延到我家里。这时候我怎么办呢？我总不能在救火之前对他说：'伙计，这条管子花了我 15 块钱，你要照价付钱。'这时候邻居刚好没钱，那么我该怎么办呢？我应当不要他的钱，让他在灭火之后还我水龙带。要是火灭了，水龙带还好好的，那他就会连声道谢，原物奉还。假如他把水龙带弄坏了，答应照价赔偿的话，我拿回来的就是一条新的浇花园的水龙带，这样也不吃亏。"

罗斯福总统援助英国的决心很坚决，但他没有直接表达这种强硬的态度，而是用通俗的比喻表达自己的真实想法，达到了非常好的说服效果。

学会意见不合时委婉地说，首先，要加强个人的思想修养。语言美是心灵美的具体表现，有善心才有善言。其次，想要谈吐柔和，在遣词造句上有一些特殊的要求。比如，应注意使用谦语、敬语等礼貌用语，表示尊重对方的观点和感情，以博得对方的好感。在说服别人时，一定要避免使用粗鲁、污秽的词语。在用词上要注意感情色彩，多用褒义词、中性词，少用贬义词；在句式上，应该多用肯定句，少用否定句。

得体地劝说他人接受某种观点或者倡导他人实施某一行动，虽然并不是说绝对不能高声"断喝"，但是委婉地谈话更能将事办好。

旁敲侧击"敲打"人

生活中，我们难免会遇到一些不平之事，不公之人，但又不能不去表达我们的不满。有时对自己亲近的人，也需要"巧加"指责，让对方有所醒悟。但怎样表达这种不满却有一定的学问，特别是对于一些非原则性的问题，既要表达出对对方的不满，又不至于破坏和谐的人际关系，的确不太容易。而话里藏话旁敲侧击不失为一种好方法。

1. 侧面表达

侧面表达即不要直言相告，而是从侧面委婉地点拨对方，使其明白自己的不满，使其改正自己的一些举动。这一技巧通常借助于问句表达出来。如：

A 和 B 是非常好的朋友。有一次，一个人对 A 说："A，我总觉得 B 做事有点太认真了，简直到了顽固的地步，你说是不是？"A 一听这话顿生反感，心想：你在背地里贬损我的好朋友缺德不缺德？但他又不好发作，于是一本正经地说："我先问你，我在背后和你议论我的好朋友，他要是知道了会不会和我反目为仇？"这人一听这话，脸一红不吭声了。

A 就使用了委婉点拨的说话技巧。面对对方的发问，A 没有直接回答"是"还是"不是"，而是话题一转，给对方出了个难题，而这个难题又正好能起到点拨对方的作用，既暗示了"B 是我的好朋友，我是不会和你合伙议论他"，又隐含了对他人背后议论行为的不满。而且，这种比较委婉的含蓄，也不至于让对方太难堪。

2. 类比敬告

这种方法即以两种事物具有的某一相似点作类比，暗示对方言行失当，使之明白自己的不满。

A 公司的经理在一次业务谈判中，受到了 B 公司工作人员的顶撞。他气冲冲地给 B 公司的经理打电话说："如果你们不向我保证，撤销上次那个蛮横无理的工作人员的职务，那么，显然是没有和我公司达成协议的诚意。"B 公司的经理听了微微一笑说："经理先生，对于工作人员的态度问题，是批评教育还是撤职处理，完全是我们公司的内部事务，无须向贵公司做什么保证。这就同我们并不要求你们的董事会一定要撤换与我公司工作人员有过冲突的经理的职务，才算是你们具有与我们达成协议的诚意一样。"A公司的经理顿时哑口无言。

在这里，B公司的经理就很好地使用了类比敬告的技巧。虽然说两个公司有很多不同之处，但有一点却是相似的，即两个公司对工作人员的处分完全是各公司内部的事务，与双方谈生意的诚意无关。B公司的经理就是抓住了这一相似点作比，从而敬告对方所提要求的过分和无理，表达了对态度蛮横的A公司经理的不满。需要说明的是，虽然这种技巧表达不满的语气也较明显，但它绝对不像"直言相告"那样带有警告的成分，所以，这种方法称为"类似的敬告"，而不是"类比警告"。

3. 柔性"敲打"

有时亲密的人之间怕自己的某句话引起对方不快而委曲求全，其实大可不必如此，柔性敲打也能让对方有所感悟。

某局长的女儿小徐和本单位的小李谈恋爱时总是显示出某种优越感。小李老家在农村，大学毕业就被分在机关单位做科员。有一次，小徐到小李家作客，对小李家人的一些生活习惯总是流露出不屑的神情，并不时在小李耳边嘀嘀咕咕，晚饭后把小李的妹妹使唤得团团转，又是叫烧水又是让拿擦脚布。小李看在眼里，心里更不是滋味。他借机笑着对妹妹说："要当师傅先学当徒弟嘛！你现在加紧培训一下也好，等将来你嫁到别人家里，也好摆起师傅的架子来。"听小李这么说，小徐似乎听出了什么话外音，过后不得不在小李面前表示自己做得有些过分。

小李不失时机地用"要当师傅先学当徒弟"这句话来提醒小徐，避免了直接发生冲突。虽然对方当时有点不满意，但过后心里也会有一定的感悟的。

4. 幽默式的提醒

幽默是人际关系的润滑剂，有时利用幽默表达一下对对方的不满，也不失为一种好方法。

有这样一则小故事：

在饭店，一位喜欢挑剔的女人点了一份煎鸡蛋。她对女侍者说："蛋白要全熟，但蛋黄要全生，必须还能流动。不要用过多的油去煎，盐要少放，稍稍加一点点胡椒。另外，鸡蛋必须是产自一只乡下快活的母鸡。"

"请问，"女侍者温柔地说，"那母鸡的名字叫阿珍，不知是否符合您的心意？"

在这则小故事中，女侍者就是使用了幽默的话进行提醒。面对爱挑剔的顾客，女侍者没有直接表达出对对方所提苛刻要求的不满，而是依照对方的思路，提出了一个更为荒唐可笑的问题以提醒对方：你的要求实在是太过分了，我们难以满足。从而反映出对这位顾客的不满。

"绵里藏针"显风度

庄重显力量，风趣显风度，庄重为绵，风趣为针。

春秋时期，晋灵公下令兴建一座九层高的楼台，群臣劝阻，他不听，又下了一道"敢劝谏者斩首"的命令。有个叫孙息的大臣这时求见晋灵公，晋灵公手持弓弩接见他，说："怎么？你要劝谏我吗？"

孙息说："我可不敢进谏。我有个绝活儿，能把十二个棋子摞起来，上面还能再摞九个鸡蛋，想露一手给您看看。"

晋灵公说："这我倒没见过，你就让我开开眼吧。"

孙息也不推辞，就把十二个棋子摞在一起，接着又小心翼翼地把鸡蛋往棋子上摞，放第一个，第二个……晋灵公左右的侍从大气不敢出一口，晋灵公也憋不住了，大叫："危险！"

孙息却从容不迫地说："这算什么危险，还有比这更危险的事呢。"

晋灵公被勾起了好奇心，问道："还有什么比这更危险？"

孙息便掂了掂手中的鸡蛋，慢吞吞地说："建九层台就比这危险百倍。如此之高台三年难成，三年中要征用全国民工，使男不能耕，女不能织，老百姓没有收成，国家穷困。而国家穷困了，他国便会趁机打进来，很可能会亡国。您说这不比往棋子上摞鸡蛋更危险吗？"晋灵公吓得出了一身冷汗，立即下令停止建台。

孙息让晋灵公看了场"杂技表演"，更对他进行了一次形象生动的劝谏。面对正在气头上的人，与他正面争辩难以有结果，何况对方还有无上的权威。然而，绵里藏针法却可以在这样的关键时刻，起到扭转乾坤的作用。

绵里藏针，总体上需要掌握两个基本要领：第一，能够听出对方的弦外之音、言外之意；第二，要委婉含蓄地表达自己的意思，话要说得有艺术性，让听话之人心领神会，明白你话中的锋芒所在。

有理也要让三分，见好就收是关键

在日常生活中，谁能保证自己不会和别人发生一些争论？谁又能保证自己事事都占理？只要没有根本的利害冲突，即便自己占理，也应让人三分，见好就收是关键。这不仅可以化解矛盾，还能够让彼此加深理解、增进友谊，对于建立融洽和谐的人际关系有促进作用。

有这样一个发生在餐厅里的故事：

"服务员！你过来！你过来！"一位顾客高声喊叫，指着面前的杯子，沉着脸说："看看！你们的牛奶是坏的，把我这杯红茶都糟蹋了！"

"真对不起！"服务员一边赔着不是，一边微笑着说，"我立即给您换一杯。"

新红茶很快就准备好了，碟子和杯子跟前一杯一样，放着新鲜的柠檬和牛奶。服务员轻轻放在顾客面前，又轻声说："我想建议您，如果放柠檬就不要放牛奶，因为有时候柠檬酸会造成牛奶结块。"

那位顾客的脸一下子红了，匆匆喝完茶离开了。

有人笑问服务员："明明是他的错，你为什么不直说呢？他那么粗鲁地叫你，你为什么不还以颜色？"

"正是因为他粗鲁，所以我要用婉转的方式对待他；正因为道理一说就明白，所以用不着大声。"服务员说。

那个问话的人同意地点了点头。

有时候，不管有理没理，当自己的意见被别人直接反驳时，内心总是不痛快，甚至会被激怒。心理学家指出，用争辩的方法不能改变别人，只会引起反感；争辩所引发的愤怒会导致人际关系恶化，而所被争论的事物依旧不会改变。所以，上述案例中的服务员没有采取直接争辩或批评的方式与顾客进行沟通，而是采取了一种得理饶人、见好就收的做法，不仅化解了顾客的怒气和可能发生的冲突，而且还赢得了其他人的赞许。

在现实生活中，有不少冲突都是由于一方或双方纠缠不清，得理不让人，小事大闹，非要争个胜负，结果矛盾越闹越大，事情越搞越僵。人这时应该保持"难得糊涂"的心态，在一些小事上，没有必要那么清楚明白，有时不妨糊涂一下，得理也要让三分，用宽容之心待人。与人辩论时，"见好就收"不失为一种成功的说话方式。

有一位姓王的老翁开了家当铺，生意做得很好。有一年年底时，来了一个人，空着手要赎回当在这里的衣物，负责的管事不同意，那人便破口大骂。王翁慢慢地说道："你不过是为了过年发愁，何必为这种小事争执呢？"随即命人将那人先前当在这里的衣物找出了四五件，王翁指着棉衣说："这个你可以用来御寒，不能少。"又指着一件衣袍说："这是给你拜年时穿的，其他没用的暂时就放在这里吧。"那个人拿上东西默默地回去了。当天夜里，那人居然死在别人家里，而且他的家人同那家人打了很多年官司，致使那家人的家资花费殆尽。

最后经过调查，原来这人因为在外面欠了很多钱，他事先服了毒，本来想去敲诈王翁，但因为王翁的忍辱宽恕而没有得逞，于是便祸害了另一家人。有人将事情真相告诉了王翁，王翁说："凡是这种无理取闹的人必然有所依仗，如果在小事上不能忍，那可能就会招来大祸。"这就是有理让三分、见好就收的好处，这位老翁的肚量可谓不小。

人人都有自尊心和好胜心，在生活中，大部分人一旦陷入争斗的旋涡，便会不由自主地焦躁起来。有时为了自己的利益，甚至是为了面子，也要强词夺理，一争高下。一旦自己得了理，便绝不饶人，非逼得对方鸣金收兵或自认倒霉不可。然而这次得理不饶人虽然让你吹着胜利的号角，但也可能会成为下次争斗的前奏。因为这对"战败"的一方来说也是一种面子和利益之争，他当然要伺机讨还。其实，在这种时候，对一些非原则性的问题，一定要主动显示出自己比他人更有容人之量。

借事说理无懈可击

要达到驳倒一个论点的目的，最有效的办法是针锋相对地列举大量确凿无疑的事实。在铁的事实面前，任凭对方伶牙俐齿也无济于事。

与他人争辩，即使你驳倒了对方的论据或论证，但并不能就此断定对方的论题是错误的，只能说明对方的论题不可靠。而要彻底驳倒对方，你还必须对对方的论题进行彻底的反驳。

有个人性急易发怒，碰上芝麻绿豆大的小事，也要皱着眉头拉长脸，发一顿脾气，有时还动手打人。有一天，几个人在一起闲聊，他的一个朋友议论他说："这个人别的都好，就是有两个毛病：一个是爱发火，另一个是做事冒失……"这时，他正好从窗外经过，一听，立即脸红脖子粗地闯进屋来，不容分说，劈头盖脸就打人。

旁边的人急忙拉开他，说："你为什么平白无故地打人？"

这个人喘着粗气，大声嚷嚷道："我啥时候喜欢发火？啥时候做事冒失？他这样说我，我怎能不打他！"

"你现在大动肝火，二话不说就动手打人，不刚好证明你有这两个毛病吗？"旁人说。

大家正是用发生的事实直接反驳了这个人的"不发火、不冒失"的论点，在铁的事实面前，他也无法抵赖。

你也可以用对方的话来反驳，让对方无法还击。

王阳明是我国明代著名的"心学"思想家，主张"心外无物"。有一次，他和朋友登山观赏风景，一路上滔滔不绝地谈论他的哲学思想。他说："凡是人们心中没有想到的东西都是不存在的，就说这些大树吧，它们之所以存在，就是因为我们看到了它们，心中想到了它们，否则就不存在了！"

他正谈得兴致勃勃，不料却被一块石头绊了一跤，帽子滚到山下去了，于是扫兴地说："没想到被石头绊了一跤。"

他的朋友便问他："你没想到的东西怎么会存在呢？可见还是心外有物呀！"

王阳明开始说"心外无物"，后来又说被自己"没想到的石头"绊了一跤。将他前后的话放在一起，形成了尖锐的矛盾冲突，他自然也就理屈词穷、无话可说了。

实践是检验真理的唯一标准，同样也是检验某个道理是否正确的标准，将对方错误的观点用实践来检验，对方也就无话可说了。

借力打力避锋芒

借力打力，这是一种按照对方的逻辑去反驳对方的说话方法。

19 世纪末，X 射线的发现者伦琴收到一封信，写信者说他胸中残留着一颗子弹，需要用射线治疗。他请伦琴寄一些 X 射线和一份说明书给他。

X 射线是绝对无法邮寄的，如果伦琴直接指出这个人的错误，并无不可，但多少有点儿居高临下的教训意味。伦琴采用了以谬归谬法，借力打力。他提笔写道："很抱歉，我手里的 X 射线不巧用完了。如果您很着急的话，请把您的胸腔寄来吧！"

邮寄胸腔比邮寄射线更为荒谬，伦琴幽默的回答给对方留下了余地，避免了正面交锋。

把对方讲给自己的荒谬语言或无礼的举动，以对方的逻辑用巧妙的话回击，借力打力，是最有效的防御手段。借力时要软对软，硬对硬，不能过度，否则会激化双方情绪，引发争吵。

以柔克刚制"蛮横"

有些时候，遇到一些蛮不讲理或是情绪激动的人，如果你态度软弱，他会欺你无能，如果硬与之对抗，又免不了两败俱伤，这时该怎么办呢？这就需要软硬兼施，软中带硬，硬中带软，把握好一个度。

生物学家巴斯德，有一次在实验室工作时，突然一个男子闯进来，指责他诱骗了自己的老婆。争论中对方提出决斗。清白的巴斯德完全可以将对方赶出门去，或者奋起决斗，但是那样并不能解决问题，甚至会造成两败俱伤的恶果。这时候巴斯德沉着地说："我是无辜的……如果你非要决斗，按照决斗的规矩，我有权选择武器。"

对方同意了。巴斯德指着面前的两只烧杯说："你看这两个烧杯，一杯有天花病毒，一杯有水。你先选择一杯喝掉，我再喝余下的一杯，这样可以吗？"

那男子怔住了，他一下子陷入了两难的境地，只得停止争论与挑战，尴尬地离开了实验室。巴斯德正是提出了柔中带刺的难题，才最终击败了对方。

面对态度比较恶劣的人，如果以恶制恶，有时是制服不了对方的，反而有可能把事态扩大、弄僵。这时，如果适当采取以柔克刚的方法，让对方知难而退，无处乎是最好的结果。

"天下莫柔弱于水，而攻坚强者莫之能胜。"刚劲的东西不一定要用更刚劲的力量去征服，有时最柔软的事物才恰恰是最有效的解决武器。

特殊情况下，以强硬语言"攻心"

有时，强硬的语言有攻其内心的作用，在一些特殊情况下，可以采用此种方式作为突破口。

生活中有时会碰见一些铤而走险的人，这些人中有的人有后悔之意，只不过在没有退路的情况下才不得已而为之，如果这时用强硬的语言晓之以利害，再用柔和的语言劝说，便可能说服成功。

1977 年 8 月，克罗地亚恐怖分子劫持了美国环球公司从纽约飞往芝加哥的一架班机，在与机组人员僵持不下的情况下，飞机兜了一个大圈，越过蒙特利尔、纽芬兰、沙浓，最终降落在巴黎戴高乐机场。在这里，法国警察打瘪了飞机的轮胎。

飞机就这样停了 3 天，劫机者同警方僵持不下，法国警方向劫机者发出最后通牒："喂，伙计们！你们能够做你们想做的任何事情，但美国警察已经到了。如果你们放下武器同他们一块儿回美国，你们将会判处不超过 2~4 年的刑期。这也可能意味着你们也许 10 个月左右就能被释放了。"

法国警察停顿片刻，目的是让劫机者将这些话听进去。接着又喊道："但是，我们不得不逮捕你们的话，按照我们的法律，你们将被判死刑，那么你们愿意走哪条路呢？"最后，劫机者被迫投降了。

劫机者一方面因为机组人员的抗衡和警方的追捕而无法达到预定的目的，另一方面由于不清楚警方的态度而不敢轻易放下武器，陷入了进退两难的痛苦局面。

法国警察在劝说中明确地给对方指出了两条路：投降或者继续抵抗，投降的结果是被判 10 个月左右的徒刑，而顽强抵抗的结果只能是死刑。早已心慌意乱的劫机者只能识相地选择了弃械投降。

法国警察正是抓住了劫机者的悔意，以强硬语言攻心。在警察的利害分析下，劫机者最终选择了缴械投降。

说话办事时，遇到打算"一头撞南墙"的人切记不可把话说绝，否则物极必反，很可能会把一个本来可能回头的人逼向绝路。所以，对于这种人，说话一定要给其留有退路。

以情打动人心

在谈话中动之以情、晓之以理，巧打感情牌，便比较容易征服对手，使其不由自主地成为情感的"俘虏"。

《战国策》中有一个名为"触龙说赵太后"的故事：

赵太后刚刚掌权，秦国就加紧向赵国进攻。赵国向齐国求救，齐国提出要以赵太后的小儿子长安君为人质，才肯出兵救赵国。身为母亲，赵太后当然不愿意让自己的爱子当人质，这是人之常情。

左师触龙求见太后，开始的时候他对送长安君当人质的事一字不提，而是提出希望给自己年仅15岁的小儿子找一个宫廷卫士的职务，并说自己年迈，对小儿子十分喜爱。

太后问他："你们男人也爱怜幼子吗？"

触龙答道："爱得比妇人还要厉害哩！"

太后笑着说道："我看还是妇人更爱幼子一些！"

至此，两个人的爱子之心使双方在情感上产生了共鸣，触龙成功地找到了化解太后的怒气、成功说服她的办法。

于是，触龙稍后便巧妙地将谈论的中心引向长安君。触龙对太后说："老臣私下认为太后疼爱女儿燕后胜过疼爱儿子长安君。"

太后说："你错了。我疼爱她，哪里比得上长安君。"

这样的回答，正中触龙下怀，触龙接过话头说："父母疼爱子女，要替他们做长远打算。您老人家送燕后出嫁的时候，抱着她哭个不休，因为她嫁得太远而感到悲伤。"

触龙的说法，是从情感上对太后的做法表示赞许，太后听了，心里觉得很受用，就点头表示赞同。

触龙继续把话题展开，他问太后："从现在起算到三代以前，甚至算到赵氏开始建国的时候，赵王的子孙能够历代封侯的，至今还有吗？"

太后说："没有了。"

触龙又问道："不光是赵国，就是别国子孙后代继续不断封侯的，还有吗？"

太后道："我也没有听说过。"

触龙已将太后的情感完全引到了自己的话题上，于是，他开始以情理交融的攻心战，向太后发起了"进攻"。最终说服赵太后为长安君做长远打算，让他去别国做人质。

劝说固执的人，最好的办法不是跟他争个谁对谁错，而是从他的观点入手，先顺着他说，在这个过程中分析利弊，并适时地以情感打动他，让他自己否定自己，从而达到说服的目的。

正向发问，反向而行

聪明的人一般都会正向发问，反向而行，如此会达到事半功倍的效果。

在一些特殊的情况下，我们可以不以常理去思考事物，也就是说可以正向发问，反向而行，从而达到我们的目的。

美国谈判大师荷伯·科恩有一次飞往墨西哥城主持一个谈判研讨会。抵达目的地时，被旅馆告之"客满"。此时，荷伯施展了他的看家本领，找到了旅馆经理问道："如果墨西哥总统来了怎么办？你们是否要给他一个房间?"经理回答:"是的,先生。"荷伯接着说:"好吧,他没有来,所以我住他那间。"结果荷伯顺利地住进了总统套房。

通常人们认为推销员都是能说会道的人,我们看看下面这个故事。

有一个身材肥胖的顾客问书店售货员:"有《如何减肥》这本书吗?"

"对不起,太太,刚刚卖完。您要同一作者写的《如何增肥》吗?"

"你拿我开玩笑?"

"绝非开玩笑,太太,只要按书内的建议反着去做不就成了?我有个朋友,她长得比您还要胖,有一次来我店里买《如何减肥》这本书。当时没有,我就把《如何增肥》这本书推荐给她,想不到两个月后见到她时,她居然瘦了10公斤。"

这位推销员采用正向发问、反向而行的方法,完成了一项"不可能的任务",把增肥的书卖给了一个想减肥的人。

"对症下药"有奇效

人们通常不喜欢被强迫去做事或者接受他人的意见,而是喜欢按自己的心愿或是按照自己的意思去做,而且,最好有人来征求自己的意见、愿望和想法。想要说服这样的人,关键在于想方设法启发对方讲话,以便摸清虚实,对症下药。

孔子在带领学生周游列国的途中,有一次,一匹驾车的马挣脱缰绳跑了,吃了一位农夫的庄稼,这位农夫就把马扣住,于是孔子的弟子子贡自告奋勇去交涉。孔子众多弟子中,子贡算是最能言善辩的一位。按说凭子贡的劝说水平，说服农夫应该易如反掌，"嘴"到擒来，谁知道子贡讲了半天道理，说了不少好话，农夫就是不还马，子贡只好灰溜溜地回来了。

孔子见状，笑着说："拿人家听不懂的道理去游说人家，就好比用高级祭品去供奉野兽，用美妙的音乐去取悦飞鸟，怎么行得通呢？"于是孔子让马夫前去讨马。马夫走到农夫跟前，笑嘻嘻地说："老兄，你不是在东海种地，我也不是在西海旅行，我们既然碰到一起了，我的马吃你两口庄稼也不是什么大不了的事。"农夫听马夫这样说，再看看与自己打扮差不多的马夫，觉着很亲切，就十分痛快地把马还给了他。

经验丰富的人，在刚愎自用、好大喜功的对手面前，不宜过多解释，采用激将法反而事半功倍；而在沉默寡言、疑神疑鬼的对手面前，越殷勤，越妥协，往往越会引起对方的疑问和戒备。

避实就虚有"弹性"

如果对方提出的问题特别尖锐，在一定要回答的情况下，我们可以回避问题的要害，作一些简单的回答。

在一次记者招待会上，外国记者别有用心地问王蒙："请问，50年代的你与80年代的你有何相同与不同？"

这位记者的用意显而易见，是想借机让王蒙谈一谈对中国国内形势改变的感受。王蒙当然也清楚，他不慌不忙地抬起头，从容不迫地回答道："50年代的我叫王蒙，80年代的我也叫王蒙，这是相同之处；不同的是，那时我20来岁，而现在我则有50多岁了。"

记者的提问只给出了年代限定的范围，王蒙虽然知道对方的用意，但是却故意曲解其本意，只从自己年龄变化的角度作答，实际上没有真正给对方任何有用的信息。

"模糊语言"是实际表达中需要的，常用于不必要、不可能或不便于把话说得太明确的情况，这时就要求助于表意上具有"弹性"的模糊语言。

提出建议要委婉

对他人提出建议，有时过于直接，会使对方自尊心受损，大跌颜面。

卡耐基在《人性的弱点》一书中就提出，"每个人都会犯错误，每个人也都有自己的自尊心，有些问题可以不必采用直接批评的方法，相反，用间接的方法来指出问题，有时效果反而会更好"。

美国经济学家、前总统罗斯福的私人顾问亚历山大·萨克斯，在1939 年受爱因斯坦等科学家的委托，企图说服罗斯福重视原子弹研究，以便先于纳粹德国制造出原子弹。尽管有科学家们的信件和备忘录，但罗斯福反应冷淡，他说："这些都很有趣，不过政府若在现阶段干预此事，还为时过早。"但他为表示礼貌，决定邀请萨克斯于第二天共进早餐。

早餐开始前，罗斯福就提出，今天不许再谈爱因斯坦的信。但萨克斯微笑地望着总统，说："我想谈一点儿历史。英法战争期间，在欧洲大陆上不可一世的拿破仑在海上却屡战屡败。这时，一位年轻的美国发明家富尔顿来到了这位法国皇帝面前，建议把法国战舰上的桅杆砍掉，撤去风帆，装上蒸汽机，把木板换成钢板。但是遭到了拿破仑的嘲笑，还被轰了出去。历史学家们在评论这段历史时认为，如果当初拿破仑采纳富尔顿的建议，19世纪的历史就得重写。"

萨克斯说完后，目光深沉地注视着总统。罗斯福沉思了几分钟，然后斟满一杯酒，递给萨克斯，说道："你胜利了！"萨克斯终于说服了总统，揭开了美国制造原子弹的第一页。

有时面对领导，通过迂回的方法去表达自己的反对意见，并力求使领导改变主张，往往十分奏效。有时，人无须过多的言辞，无须撕破脸面，更无须牺牲自己，就可以说服他人接受你的意见。

指责过于直接，使得问题与问题、人与人面对面地站到了一起，除了正视彼此以外，没有任何回旋余地，而且这种方式最容易使人形成心理上的不安全感和对立情绪。

"迂回有术"化敌意

说话采用迂回的方法容易帮你摆脱各种利害关系，淡化矛盾或转移焦点，从而减少别人对你的敌意。

在他人情绪稳定时进行劝说，他人便会认真地考虑你的意见，不会先入为主地将你的意见一棒子打死。

春秋时期的齐景公曾经放荡无度，他非常喜欢玩鸟打猎，所以派烛邹专门看管鸟。但是烛邹不慎把鸟全都放跑了，齐景公怒不可遏，要下令杀死烛邹。大臣晏子这时闻讯赶到，他看到齐景公正在气头上，便请求齐景公允许他在众人之前尽数烛邹的罪状，好让他死个明白，以服众人之心，齐景公答应了。

于是，晏子便对着烛邹怒目而视，大声地斥道："烛邹，你为君王管鸟，却把鸟丢了，这是你第一大罪状；你使君王为了几只鸟而杀人，这是你第二大罪状；你使诸侯听了这件事，责备大王重视鸟而轻视人，这是第三条罪状。你犯了这三条罪状，是死有余辜。"

说罢，晏子请求齐景公把烛邹杀掉。但是此时齐景公已经听明白了其中的意思，转怒为愧，说："不杀了！不杀了！我已经明白你的指教了！"

这个故事就是下级迂回地批评领导，表达反对性意见，并被上级心悦诚服接受的一个例证。很明显，晏子是反对齐景公重鸟轻人的，但他看到齐景公正处于气头上，直谏反而不妙，于是就采取了以退为进、以迂为直的方法来间接地表达自己的意见，使齐景公得以领悟其中的利害关系和是非曲直，晏子达到了救烛邹之命又得以说服齐景公的目的。而且，晏子也避免了直接触怒齐景公，给自己引来不必要的麻烦。

迂回地表达反对性意见，可避免直接冲突，减少摩擦，使别人，尤其是你的上级，更愿意考虑你的提议。

傲慢无礼不如言辞温婉

有些人总觉得自己高人一等，对别人总是一副傲慢无礼的样子。其实，想要获得别人的尊重，温婉的言辞比声色俱厉更为重要。

有一次，英国维多利亚女王与丈夫吵了架，丈夫独自回到卧室，闭门不出。女王回卧室时，只好敲门。丈夫在里边问："谁？"

维多利亚傲然回答："我是英国女王！"

没想到里边既不开门，又无声息。她只好再次敲门，里边又问："谁？"

"维多利亚。"女王回答。

里边还是没有动静。女王只得再次敲门。里边再问："谁？"

女王学乖了，柔声回答："你的妻子。"这一次，门开了。

可见要让别人尊重你，也要给别人留些面子，正所谓"将心比心"。

有些能力强、地位高的人说起话来总是气势十足，但是有的时候这样的口气会招人反感。何况"人外有人，山外有山"，因此，能力强、地位高并不意味着要表现得高人一等。

强大的人、强势的人更应该学会多用平和的语气与人交流，这样才能得到别人的尊敬。

别为小事发脾气

世上万物般般有，哪能件件如我意。为了小事发脾气，回想起来又何必？

唐代有个丞相叫娄师德，他性格稳重，很有度量。他的弟弟当上了代刺史，临行之时，娄师德对弟弟说："我担任丞相，你现在又管理一个州，我们家受皇上的恩德太多了。这容易引起别人妒忌，你打算怎样对待这些人的妒忌以使自己免遭灾祸呢？"

娄师德的弟弟说："从今以后，即使有人朝我脸上吐唾沫，我也自己擦去，绝不叫你为我担忧。"

娄师德忧虑地说："这正是我所担忧的。人家向你吐唾沫，是对你恼怒。如果你将唾沫擦去，那不是违背了吐唾沫人的意愿了吗？别人会以为你在顶撞他，这只能使他更恼怒。怎么办呢？要是人家唾你，你就要笑眯眯地接受。唾在脸上的唾沫，不要擦掉，让它自己干。"

这就是"唾面自干"这个成语的来历。后人对娄师德教人忍耐到如此境地，总是嗤之以鼻，认为十分迂腐可笑。事实上，娄师德如此劝诫人的目的，是想训练一个人的韧性，教人知道如何收敛自己。娄师德出任相位，总管边疆事务三十年，他曾经和吐蕃大战，像这样勇毅不挠的精神和气魄，岂是一个胆小怕事的人能有的？

避让、忍耐是中国传统的生存哲学。"低头"是一种大智慧，为争一时之气不肯低头，惹出事来恐怕就不是简单地低一下头、说两句认错的话就能解决的。

尊重他人意见，委婉表达异议

一个善于谈话的人，懂得按部就班，避免把谈话谈成僵局。是非皆因多开口，烦恼皆因强出头。急于求成，在争辩中取得胜利，实际上，是一场损失惨重的"胜利"。因为急于求成或争辩所激发的怨恨与恶意，会延续得比较久。而尊重别人的意见，委婉地提出自己意见的人，必受人尊重和拥护。

公元前131年，罗马执政官马西努斯围攻希腊城镇帕伽米斯，他发现需要撞墙槌才能攻破城门。几天前，他看到雅典船坞里有两支沉甸甸的船桅，便下令将其中较大的一根立刻取来。接到命令的军械师认为，执政官想要的其实是较短的一根。士兵警告军械师，他们的指挥官是不容争辩的，他们了解他的脾气，最后，士兵说服了军械师放下专业知识，服从命令。士兵离开后，军械师问自己：服从一道会导致失败的命令，究竟有何意义？于是，他毅然送过去较短的桅杆。等到短桅杆运抵时，马西努斯盛怒，他无法集中心力攻城，下令立刻把军械师带到眼前。几天之后，军械师来到马西努斯面前，他很高兴能够有机会再一次向执政官解释为什么送来短桅杆。他滔滔不绝，说的还是同样的一套话，并表示在这些事务上听取专家的意见才是明智的，采用他送来的撞墙槌一定能攻击成功。不等他说完，马西努斯就命令士兵将他轰了出去。

这名军械师就是好辩者的典型，很多人都相信自己是正确的，因此一旦被逼到墙角，他们只会更坚持自己的观点，这种做法显然是错误的。在和他人意见有分歧时，最好先表示自己同意对方的部分意见，缓和气氛，即使和对方的意见相去甚远，也最好不要表示没有商量的余地。别人真的错了，不肯接受批评或劝告时，也别急于求成，往后退一步，隔一段时间再谈，说不定就能说服对方。否则，大家都固执己见，不但不会有任何进展，反而会造成僵局。

"反调"不宜唱

不尊重别人，与他人唱反调，在与人交往中便容易引起他人反感。

有的人习惯与他人唱反调，不管别人说得是否有道理，他都会表示反对。下面这对夫妻的对话就是一个典型的例子：

妻子问丈夫："我的发型好看吗？"

丈夫说："不好看。"

"我的衣服漂亮吗?"妻子接着问道。

"不漂亮。"丈夫答。

妻子认为黄色好，丈夫偏要说黑色好；妻子希望孩子应该早点上床睡觉，丈夫偏要说"晚点也不要紧"。

上例中的情形常常出现在生活里。有些人差不多已成习惯，说话总喜欢和别人作对，无论别人说什么，他都要反驳。其实自己本来一点儿意见也没有，不过别人说"是"的时候，他就要说"不是"，到别人说"不是"的时候，他又要说"是"了。这种习惯很容易得罪人，在人际交往中非常不可取。

不要自以为比别人高明，凡事都想占上风。即使真的见识比别人高明，这种态度也是要不得的。完全不给对方留一点余地，对人对己都没有好处。这种习惯会使自己与朋友或同事日渐疏远，使人不愿与其交谈，更不敢向其进一点忠告。

日常谈论的话题有时没有绝对的是与非、对与错，自己的意见不一定是对的，别人的意见也不一定是错的。那么何必每次都要反驳别人呢?别人提意见，如果不能即刻表示赞同，起码也要表示可以考虑，不要马上反驳。

话要入耳听，须巧进言

三国时期，曹操准备镇抚关中以后，即回师洛阳。可是关中某地豪强许攸拒绝率部归降曹操，还说了许多漫骂曹操的话。曹操大怒，准备下令征讨许攸。群臣纷纷劝曹操用招抚的办法使许攸归顺，以便集中力量对付西蜀和东吴的侵扰。曹操丝毫听不进去，把刀横放在膝盖上，群臣们吓得谁也不敢作声了。

留府长史杜袭却仍上前劝谏，曹操劈头喝道："我的主意已定，你不要说了。"

杜袭问道："您看许攸是个什么样的人呢？"

曹操怒冲冲地说："不过是个匹夫罢了。"

杜袭说："对呀，只有贤人才了解贤人，圣人才能理解圣人。像许攸这样的人，怎么能了解您的为人呢？所以您犯不着去跟他生气。现在大敌当前，豺狼当道，您却要先去打狐狸，人们会议论您避强攻弱的。这样的进军算不上勇敢，收兵也算不上仁义。我听说力张千钧的巨弩，不会对小老鼠扣动扳机；重逾万石的大石，不会因小草棍的敲打而发出声音。现在一个小小的许攸，哪里值得劳您的大驾呢？"

曹操听了这番话，觉得很入耳，便爽快地接受了杜袭的建议，用优厚的条件招抚许攸。所以说，一个人说话很入对方的耳，做起事来就会很容易。

把握时机知进退

一个善辩的人必须审时度势，把握进与退的时机，才能立于不败之地。

论辩过程中，当你发现形势对自己不利时，就必须明智地"撤退"。退却看起来是软弱的表现，但正好可以用来麻痹对手，消除对方的戒备，掩盖自己准备"进攻"的意图。

晋文公有一次吃烤肉，发现肉的外边缠绕着头发，于是大怒，唤来烤肉的厨子。厨子知道，烤肉上边有头发是对大王的不敬，如果是厨子失职，就可能被处死。厨子到大王面前，连忙认罪。他说道："臣该死，臣的罪有三条：其一，我切肉的刀锋利得如宝剑一样，肉被切断，可是没有切断肉外边的头发；其二，我用铁锥串起来烤，反复翻动，却没有发现头发；其三，肉被火烤得赤红，最后被烤熟，可是缠在肉外边的头发却不焦。我想，之所以如此，是不是有人忌妒我呢？"晋文公听了这番话后，猛然醒悟，派人调查，果然有人陷害厨子。

晋文公是一个拥有生杀大权的专制君王，厨子稍有不慎，自己就会被杀掉。在这种极其严峻的形势下，厨子巧妙地采用了以退为进的方法，宣布自己的三条罪状，表现了自己的驯服，这是"退"，但这三条罪状却又正好证明了自己无罪，这是"进"。以退为进的高明之处恰恰就表现在这里。

由此可见，"退"并不是消极地逃跑，而是婉转地实现自己的目的。

所以，在面对不利于自己的情况下，保全自己的"退"也是另一种形式的"进"。人必须学会审时度势，把握进与退的时机。

职场交流不简单，游刃有余会说话

生活中我们通过说话来传情达意，工作中我们更是通过说话来传达信息、交流工作，如何把话说得人爱听、想听，让自己成为受人欢迎的人非常重要。

办公室话题禁忌

办公室不像家里，不是什么话都可以说，否则可能会招来不必要的麻烦。要做办公室里的有心人，知道什么该说什么不该说。

办公室是工作的地方，不是个人聊天谈心的场所，所以不要把生活中碰到的一些事带到工作中来谈。无论你是失意还是得意，都别把情绪带到工作中，更别把"故事"带进来。职场上风云变幻、错综复杂，把自己的私事当成办公室话题的禁区，轻易不与同事讨论，其实是非常明智的一招，是竞争压力下的自我保护。千万不要只图一时痛快，就把自己的私事都抖出来。要知道说出口的话如同泼出去的水，再也收不回来了。对于一些比较私人的问题，最好也不要谈，也别议论公司里的是非短长。你以为议论别人没关系，其实用不了几个来回就能"绕"到自己头上，引火烧身，那时再"逃跑"就显得被动了。要懂得"己所不欲，勿施于人"的道理。

　　另外，在办公室不要炫耀自己的财富，或者向别人说你生活上的困难。这些在办公室谈论都显得不合适。与其讨人嫌，不如知趣一点儿，不该说的话不说。虽然为人处事要坦率，但坦率是要分人和事的，从来就没有不分原则的坦率。什么该说什么不该说，心里必须有谱。有些事，分享的圈子越小越好。否则，会使自己成为众矢之的。

　　有些公司，同一岗位，但工资可能会不一样。这时不要随意去打听别人的薪水。"同工不同酬"是管理者常用的一种奖优罚劣的手法。它是把双刃剑，用不好，就容易引发员工之间的矛盾，使人心不稳，所以管理者通常对好打听薪水的人格外防备。有的人打探别人时喜欢先亮出自己。比如先说"我这月工资×××，你呢?"如果他比对方钱多，他会假装同情，心里却暗自得意。如果他没对方钱多，他就会心理不平衡，表面上可能是一脸羡慕，私底下往往不服。为了使公司人员能够团结合作，所以，很多公司不喜欢职员互相打听薪水，因为员工如果发现自己的薪水与别人的差别，很可能引发矛盾。

　　做人要低姿态一点儿，尤其是在办公室里，这是自我保护的好方法。因为你的价值体现在做多少事上，在该表现时表现，不该表现时就得韬光养晦。但凡能做大事的人，通常不爱说大话。

上下级交谈时要注意言辞

　　上下级之间谈话，不比同事间交谈，一定要注意言辞才能保证谈话的成功。上级同下级说话时，要重视开场白的作用，不妨先与下级说几句家常话，以便拉近感情，消除拘束感。

　　上级同下级说话时，不宜做否定的表态，比如："你们这是怎么搞的?""有你们这样工作的吗?"在发表评论时,应当掌握分寸。上级对下级点个头、摇个头,都会被人看作是上级的"指示"而贯彻下去,所以轻易表态或过于绝对的评价都应避免。例如:一位员工向自己的上级汇报改革试验的情况,作为领导,只宜提一些问题,或做一些一般性的鼓励,如"这样的试验还不错,可以多请一些人发表意见。""如果试验有了结果,希望及时告诉我。"像这种评论不涉及具体问题,能为自己的话留有余地。

如果上级认为下级的汇报中有什么不妥,表达更要谨慎,尽可能采用劝告或建议性的措辞,如"对这个问题咱们能不能换个思路,例如……""我说的这几点都是我个人的看法,你们可以参考。""我建议你们多看一些相关的材料,可能会受到一些启发。"这些话可以起到一种启发性的作用,主动权仍在上级手中,对方容易接受。

下级对上级说话时,则要避免采用过分胆小、拘谨,甚至唯唯诺诺的态度讲话。要改变诚惶诚恐的心理状态,使自己活泼、大胆和自信一些,这样才易于沟通。下级跟上级说话,成功与否,不只影响上级对下级的印象,有时甚至会影响下级的工作和前途。下级跟上级说话时,要尊重,要慎重,但不能一味地附和。过于奉承,很难得到重视与尊敬,而且很可能引起上级的反感。因此,在向上级汇报工作时,应采取不卑不亢的态度,也不必害怕表达自己的不同观点,只要是从工作出发,摆事实,讲道理,上级一般会考虑的。

下级还应该了解上级的个性。上级有自己的性格、爱好,也有他的语言习惯等。例如,有些领导性格爽快、干脆,有些领导则沉默寡言,事事多加思考。因此,下级在跟上级交流前必须要清楚,不要认为这是"迎合"，这也是保证工作顺利的技巧。

下级找上级谈话，要选择有利时机。上级一天到晚要考虑的问题很多，所以，假若是个人琐事，就不要在上级埋头处理大事时去打扰他，而应该根据自己的问题重要与否，选择适当的时机去反映。这样，上级才不会不耐烦。

上下级之间交谈，上级要力求避免以命令、训斥、驱使下级的口吻说话，要放下架子，以平易近人的方式对待下级，这样才会使下级对你敞开心扉；下级与上级谈话，也要做到在尊重领导的同时不卑不亢。

向上司提建议的要点

人人都需要被尊敬，身居高职的上司更重视这种感觉。因此，与上司交流一定要恭敬，即便要提建议或者要批评上司，也要掌握好说话的度，使上司在感到被尊敬的同时考虑你的意见。

小王、小黄和小李是大学同学，毕业后，3个人同时应聘一家大公司的市场部的职位，听命于同一位上司。3个人的工作能力和表现都不错，两年以后都成了部门骨干。可是3个人在工作风格上却有不同，那就是当上司的决策出现问题时，小王就会视若无睹，采取隔岸观火的态度；而小黄往往会当着众人的面直言不讳地给上司指出来。如果上司安排的事情有明显的错误，小黄甚至会拒绝做事；小李则完全不同，当他觉得上司的决策有问题的时候，他会先私下给上司写一封邮件，表明自己的想法和担心。如果上司坚持，他也能认真去执行，尽量完成上司的命令。即使失败，他也主动承担自己那部分责任，从来不在众人面前抱怨上司。3 年过去了，上司升职在即，选接班人时，他毫不犹豫地选择了小李。

由此可以看出，在工作中，给上司提出有效意见是十分必要的。但对于上司来说，他也有他的自尊和权威，绝不容下属任意侵犯。即使他错了，也不会希望下属使自己颜面扫地。所以，向上司提建议时一定要把握分寸，不可鲁莽。

下级员工在"进谏"时，不仅要站在自认为对集体有利的角度，还要换位思考，站在上司的角度考虑问题。此外，在陈述自己的建议时多用中性词语及祈使句，不要让上司感觉你是在将自己的想法强加给他。通过适当的方式把自己的建议传递给上司，如果这个建议对公司发展非常有益，相信上司不会不采纳的。

表达自己的建议与计划是每个员工的责任。可是当自己苦心酝酿出一个非常优秀的计划之后，兴冲冲地向上司推荐时，心里还满以为上司会嘉奖自己一番，可有时却被拒之门外。这时有的人往往会为自己献策不受重视、不被采纳而苦恼。碰到这种"谏而不纳"的情况，与其抱怨上司，不如换一种思维方式来考虑"谏而不纳"的原因。有时上司在大小决策上的错误往往是受个人情绪、好恶等影响而无意中犯下的，只要稍加提示就能够让他意识到并自觉修正。

聪明的下属提建议时不会使上司感觉没面子或下不来台，会注意说话的方式，使上司能够愉快地接受建议。其实，新的思维模式往往能给我们带来新的出路。

伍德罗·威尔逊是美国第 28 任总统，他在任期间，在他身边工作的许多人，都觉得他是"一扇老橡木做的门"。不管国务委员们进谏多么新鲜优秀的建议，常常被他拒之门外。但是，在他的身边却有一个人例外，这个人就是他的助理豪斯。那么，豪斯又是如何做到的呢？

豪斯自己说，有一次，他被单独召见。他明知总统不容易接受别人的建议，但还是尽自己所能，清楚明了地陈述了一个政治方案。让豪斯想不到的是，在数天之后的一次宴会上，他吃惊地听到威尔逊正在把他数天前的建议作为自己的见解公开陈述！

这件事使豪斯大彻大悟，发现了向总统提建议的好方法，便是避免他人在场，悄悄把意见"移植"到总统的心中。在威尔逊执政期间，豪斯都采用这种简单而有效的策略，向自己的上级谏言。因此，他对威尔逊的影响很大。后来，人们方才窥见豪斯的秘诀，并称豪斯为"移山倒海"的大师。有人曾开玩笑说，豪斯是发明了"思想试管婴儿"的第一人，威尔逊则是这次伟大试验的母体。

由此可见，在向上司进言献策的时候，应注意场合与说话方式，总之，要为上司着想，这样上司才可能接受你的建议。

不要谈上司的隐私

工作中，在与上司说话时，切忌口不择言。与上司说话，话题最好不要涉及上司的隐私，可以谈一些与工作相关的事，这样，也有助于你的事业取得成功。

如果上司是女性，不要问她的年龄；对富有的上司，不要问及他的收入状况……员工在上司手下工作，对于上司的个人隐私，比如经济实力、财产来源，切忌过多询问和议论，如果无中生有地乱宣传，对于自己的职业发展没有好处。

除了不要打听上司的财产隐私，对上司的个人生活隐私也勿随便议论，比如婚姻状况。对于上司的婚姻状况不要去打听，不管上司是幸福还是不幸福，因为好奇去探听，会引起上司的反感。

另外，和上司交谈时切忌对上司的身体相貌评头论足，特别是不要谈论上司的身体缺陷。对于女上司，则不能谈论其着装的款式和妆容等。除了上述几点外，对公司的商业机密也不要随便探听。

如何为自己争取利益

有些员工在一个岗位上干了一段时间后，发现自己并不适合这个岗位，想要换个岗位或者加薪。当有这些想法时，该如何向上司提出要求呢？

在向上司提出要求之前，必须对自己的要求做好权衡。考虑一下，如果自己是上司，能否接受这样的要求。倘若你自己都觉得这样的要求不能接受，那最好不要向上司提出，否则不仅目的达不到，还会给上司留下坏印象。另外，最好是在上司心情愉快、较为空闲的时候提要求，这时候上司能够专心听你说话，你的要求被接受的可能性较大。

小王是某建材公司的会计，整天与数字打交道，这与他所学的专业不相符，也不是他的兴趣所在。小王觉得挺没意思，想换个环境，发挥自己的特长。一天上午，他瞄准经理一个人在办公室看报，便敲门走了进去。经理见他进来，知道他肯定是有事情。示意他坐下后，问道："小王，有什么事吗？"

"经理，我有个小小的要求，不知您是否会答应。"他微笑着看着经理。

"什么要求？说说看！"经理说。

小王马上说："我……我想换个环境，想到外面跑跑业务。"

"可你对业务不熟，你如何展开工作？"经理面有难色。

"业务方面我可以慢慢熟悉。如果经理能给我这个机会的话，我会好好珍惜，一定不会让您失望。"小王诚恳地说。

听小王这么一说，经理的神态缓和了许多，问道："你具体想去哪个部门呢？"

"您认为我去建材科合不合适？"小王说。

经理皱了皱眉："你原来做会计工作，现在去跑建材……"

"经理，是这样的，我有些朋友在外长期做钢材和水泥生意，我通过他们了解了许多关于建材市场的信息，而且我或许能用最低的价格购进质量较好的建筑材料。"

经理想了想说："那你先试试吧，小王，我可是要看见你的成绩啊！"

"谢谢经理给我这次机会，我一定好好干！"于是，小王成功地调到了建材科，此后工作成绩相当不错。

小王就是对胜任新的工作岗位有十足的把握，经理才会相信他，答应他换岗位。同时小王在新的工作岗位，也干出了成绩。如果小王最终干不出成绩，这时他肯定会处在很不利的境地，不仅面子丢了，工作也很可能不保。

职场中自己的利益要靠自己来争取，所以当涉及自己的利益时，一定要敢于向你的上司提出要求，要敢于争取自己的利益。

赞美上司不是溜须拍马

人之天性是好听赞美之词的，上司也不例外。但大多数上司不喜欢员工溜须拍马，他们希望员工踏实工作，对自己诚恳。赞美上司是对上司的认可、支持和褒扬，是员工与上司搞好关系的"润滑剂"。但在职场中，有些人的"赞美"总让人感觉不是真心实意。他们不分场合和时间，溜须拍马，巴结上司，什么奉承的话都说得出口，他们认为向上司大献殷勤就能轻而易举地得到提升或加薪，而不想通过努力工作获得成功。

有时溜须拍马固然较容易赢得某些上司的好感，但不择手段，甚至以丧失人格和尊严为代价换取一时的利益，这种做法实在是不可取。尤其在现代社会中，人们对人格、尊严看得很重，奴性十足的奉承不仅上司不愿接受，也会影响和其他同事的关系。称赞上司并不是工作的全部，只是建立良好的人际关系，使自己的工作得以顺利完成、目的得以顺利实现的一种方法。真诚而巧妙地运用赞美之词，让你的上司欣赏你，营造一种和谐的气氛，同时不失去自己做人的尊严和修养，事业的成功也就离你不远了。

把握与上司的谈话机会

作为下属能有和上司私下谈话的机会，可以说是一个好兆头。这表示在上司的心中，该下属已经有了一定的地位。聪明的下属应该充分利用与上司私下说话的机会。

那么如何把握与上司谈话的机会呢？都需要谈些什么呢？

1. 充分介绍自己

下属能和上司私下谈话，会加深自己在上司心中的印象。

聪明的下属应该充分利用这个时机让上司多了解自己，对上司多谈谈自己的特长，以及自己对工作的看法，对公司的看法，自己对前途的打算，自己努力的方向，等等。如果事前做好准备，再结合整个行业的形势，对公司提些有价值的建议，肯定会令上司刮目相看。

2. 平等谈话

下属与上司谈话，要在平等的基础上进行。若只是对上司阿谀奉承，谈话也就没有太大的意义了。

私下谈话，不同于正式的会议，对工作安排、人事安排等事情的一些自己的看法，成熟或不成熟，都可以提出来，但要注意提出的方式。下属要明白这时的目的是提出疑问，让上司解答，而不是和上司争论。下属提出看法的目的是为公司着想，为上司着想，为工作着想，使工作能更好地开展。

3. 创造谈话的机会

下属能有和上司私下谈话的机会，本身是一件对自己的职业发展有利的事。这种机会也可以自己创造，譬如：上司不忙，似乎有兴趣和你聊天时；和上司一同出去开会，路上也是谈话的时机；与上司在公司之外的场合遇见，也是谈话的机会，等等。

4. 以工作为主

下属与上司之间的关系是在工作的基础上建立的，上司看中的也是下属的工作能力，关心的是工作的进展。因此，和上司谈话时，虽然是私下谈话，也要以工作为主，工作才是双方的共同话题。

5. 不该问的不问

虽说是私下谈话，想要获得更多的信息，但要注意分寸，该问的问，不该问的千万不能涉及。公司公开宣布的事情可以问，道听途说的事情不能问；有关公司的事情，上司没有主动提起，也不能问。下属如果表现得太好奇，可能会引起上司的怀疑和戒备。

下属如果能抓住和上司谈话的机会，让上司更多地了解你，就可加深上司对你的印象，这种机会利用好了，也许你的职业发展就会更顺利。

上司要激发员工讲话的愿望

明智的上司，要善于激发员工讲话的愿望。

聪明的上司都知道，公司无论哪一个环节出现波动，都可能会失去团结、和谐的气氛，影响到公司正常的运转。因此，同事之间的工作配合和交流很重要，一旦交流出现故障，就可能会影响全局。

所以，作为一个企业的领导者不仅要通晓管理科学，还要具有驾驭企业的雄才大略、娴熟的领导艺术，兼备与员工交流的细致匠心，才能使得公司稳定地发展。管理者如何与员工有效地谈话，便是领导艺术中的一门必修课。

一个企业不管大小，若员工失去了干劲或意志消沉，就无法顺利地执行上司交给他们的任务。这时，就得看领导如何来激励员工了。

从本质上说，谈话既是一种信息交流，又是一种人际间的接触，因而它必然带有人所特有的情感色彩。作为上司，灵巧地运用带有感情色彩的谈话，将大大提升自己的领导能力。

亲疏有度，与下属交流要适当

上司与下属之间的交流要保持一定的距离，这样可以避免下属过于紧张，也能树立自己的威信。如果上司与某些下属过分亲近，势必在下属之间引起忌妒，从而影响团队合作。上司与下属保持一定的距离，可以树立并维护自己的权威，因为"近则庸，疏则威"。所以，作为一名上司，要认清自己的位置，把握与下属之间的远近亲疏，灵活地与之交流，才能将团队管理好。

在冷风瑟瑟的冬日里，有两只困倦的刺猬想要相拥取暖休息。但无奈的是，双方的身上都有刺，双方无论怎么调整睡姿也睡得不安稳。于是，它们就分开了一定的距离。但又冷得受不了，不得已又凑到了一起。几经反复，两只刺猬终于通过自己的努力找到了一个合适的距离，即能互相取暖，又不至于刺到对方，于是舒服地睡了。

这个故事告诉我们：人与人之间，只有保持相应的距离，才能和谐相处。上司与下属之间更是如此。

孔子说："临之以装，是敬。"上司不要和下属过分亲密，要保持一定的距离，给下属一个庄重的面孔，这样可以获得他们的尊敬。

让你的话语充满权威

同是讲话，有的人讲话分量重，有的人讲话分量轻。之所以发出的指令会产生不同的效果，是因为说话者发言的方式与口气不同。

作为一名管理者，必须要确保自己的命令和指示准确无误，并且不要对员工提出无理和过分的要求，自己所发出的指令必须保证让员工切实遵照执行。上司向员工提出要求时，应当明确自己需要什么以及什么时候需要，让员工明白领导需要他去做什么，让他明确自己所要完成的任务以及所要达到的标准。上司向下属提出要求时，尽量说得具体一些，而且尽量严肃些。例如：

"下周一上午九点之前，请将本周工作进度表交至每个小组负责人。"

"请在下个星期末，把通过的解决方案呈交上来。"

"星期五总部会派人来检查这项计划，请各部门做好充分准备。"

作为上司，所说的话必须有权威性，让下属坚定地去执行。

对下属要多赞扬，少批评

身为上司要知道，每个人大多期望听到赞许而不是批评。表扬可以帮助下属取得良好的工作成绩。如果上司对下属总说"你总是做错事情"或者"你的工作做得真蹩脚"，可以想象下属心情会怎样。

相反，如果上司在下属面前提起他们过去的某件事完成得十分令人满意，或者表示十分欣赏某人的工作态度，表扬那些工作出色或有良好工作态度的人，下属一定会尽力把工作做得更好，即使他们知道自己目前做得并不很好，但今后一定会试图做得更加令人满意。

作为上司，不仅要关心下属的工作情况，还要关心他们的生活状况。一切从细微处入手。这样，上司将会在下属心中树立起一定的权威。

激励员工要讲究方式

优秀的上司懂得对不同的下属采用不同的激励方式，使其能在自己的岗位上发挥出最大的潜能，快速推动企业的发展。

对于那些好胜、自负、进取心极强的员工，在委派了任务之后，最好是用一句简洁的话触动一下他那根"好战"的神经，比如："这个任务对你来说有困难吗？"在得到他肯定的回答之后，就要点点头不再说话。因为，太多的叮咛会引起他的烦躁。

对那些做事缺乏信心不够大胆的员工，上司则要予以特别的关照。在详细说明工作任务之后，有时必须要重重拍拍他的肩膀，让他的精神状态振作起来，然后对他说："这个任务，依你的实力，算不了什么，努力去做吧，你一定会给我们一个惊喜的。"有时这种鼓励非常有必要，能激励员工努力去完成任务。

提出要求态度要温和

聪明的上司在向下属提要求时，首先态度要温和，不能强人所难或者对别人用命令式的语言，这样可能遭人反感，使人产生逆反心理。

很多时候，上司对下属或对其他同事提出要求时，使用类似"让我们共同努力吧"，比武断地说"你必须做好这件事"更加容易令人接受。上司在下达指令时，告诉下属所要完成任务的目的，让他们知道自己对整个计划都负有责任，让他们感觉到是整个团队在努力，这样将会取得更好的效果。

谦逊有礼要比强制专横更容易让人接受，也更能让他人将工作做好。不要对下属说："你现在马上去给我做这件事。"而应该说："今天你一定要抽点时间解决这件事。你知道，这是下个月的主要计划。因此，要尽快地完成它。"

对所做的工作感兴趣，才能激发出主动性。对于那些本身对所委派的工作就抱有极大兴趣的下属来说，工作本身就是一件快乐的事。但还有些下属很可能关心的并不是任务本身，而是完成任务后所得的物质利益。上司对待这种下属的讲话方式要特别注意，对任务内容可以适当地说出，但一定要让他清楚地意识到，出色地完成任务是得到回报的前提。而且，在完成任务的过程中，可以采用一定的物质激励方式，激励下属更好地完成任务。

上司温和的态度能激发下属的斗志，使他燃起对工作的信心与热情。所以，领导只有善于说话，注意态度和方式，才能激励下属，使他为公司做出更大的贡献。

同事间交流时的注意点

同事之间交流，不管对方的能力和水平与你有多大差异，首先对他人都应有必要的尊重。对那些你认为水平比你高、能力比你强的人，不要表现得过于自卑；对那些你认为不如你的同事更不要盛气凌人，这样会影响工作中的交流配合。

不要在他人面前说过于绝对的话、过分话，不要扫他人兴，不要以质问的口气对人说话，这些都是对别人不尊重的表现。相反，当你犯错误时，要勇于承认错误，并适时地请求别人的帮助。承认你需要帮助，会容易与同事打交道；而告诉别人你从某个失误中学到了什么，会显得你工作虚心、谦卑，让同事感到你容易相处。

勿把挑拨当调解

同事小义与工作对面的同事林林常常因为做事的方式不同而吵架，闹得整个办公室的同事都没法踏实地工作。于是，就出现了一位"热心肠"的大姐，成了小义与林林倾诉衷肠的对象。可是这位大姐为了不当面得罪他们，就当着小义的面说林林的不是，而当林林来诉苦时，她又说全是小义的错。这样一来，小义与林林两个人之间的矛盾没有得到化解，反而结得更深了。终于有一天，二人在办公室里再次翻了脸，还大打出手，在大家劝说无效的情况下，最后不得不惊动了领导。于是领导把二人分别叫到办公室细问究竟，方才弄明白是"好心肠"的大姐的调解方式，产生了相反的"催化"作用，使二人固有的矛盾更加激化。真相大白后，小义与林林和好如初，只是苦了"好心"的大姐，在办公室里的处境非常尴尬。

同事之间发生小摩擦或矛盾是在所难免的，身为旁观者如果想要调解，就要冷静地处理，切不可扩大事态，搬弄是非。调解时要讲究方法，不能把挑拨当成调解，否则不管出发点如何，都会引火烧身，成为不受欢迎的人。

离职原因要巧说

"你能否谈一下你的离职原因?"像这类问题在面试时经常会被问及，招聘单位希望能从你的回答中获得更多关于你的信息。因此，在回答这个问题时应该集中精力。

"为什么要跳槽?"这真是不好回答的问题,虽然有时可以如实道来,但如果不注意回避一些问题,面试往往会功亏一篑。工作中最常见的离职原因包括:人际关系不好处理、收入不合期望、与上司或同事关系不好、工作压力大等。从企业招聘方的角度来看,这些原因都或多或少包含求职者本身的因素,可能影响将来的工作。因此,在面试时,像与同事及客户之间的人际关系、薪水问题、不能承受竞争压力等原因要巧说,千万不要给对方留下猜测的余地。即使像专业不对口、结婚、生病、休假等原因人们都可以理解,但也不宜多谈,可以把话题转到职业生涯规划、自己的专业发展等积极的方面。

办公室接听电话如何应答

办公室的来电最好在第二声铃响之后立即接听,在礼貌地打招呼之后,先主动报出公司或部门的名称,切忌拿起电话劈头就问对方是谁。

如果工作时一时腾不出空来接电话,让电话响了一会儿后再接听,拿起电话后就应先向对方致歉:"对不起,让您久等了。"当来电话的人说明找谁之后,不外乎有三种情况:一是刚好是本人接电话;二是本人在,但不是他接电话;三是他不在办公室。

对第一种情形,应答复:"我就是,请问您是哪位?"

第二种情形,接话人应答复说:"他在旁边,请稍候。"

第三种情形,接话人应答复说:"对不起,他刚好出去。您需要留话吗?"

切忌只说一声"不在"，就把电话挂掉。

要注意，即使你看不到和你通话的人，你也要像他们就在你的面前一样礼貌对待。对方能通过你的声音感受到你的态度和心情，你需要把全部的注意力投入其中。你的态度应该是有礼貌的，声音应该音量适中、清晰柔和，不要在电话里尖声喊叫。如果想让你在电话里的声音优美动听，可以试一试面带微笑应答，这个方法往往很有效。

成功演讲有妙招

成功演讲有原则

演讲的分类标准

演讲分为很多种，通常有以下几种分类标准：

1. 按方式分

可归纳为五个类型，即：读稿式、背诵式（或叫脱稿式）、提纲式、即兴式、辩论式。

（1）读稿式

演讲者事先准备好稿子，然后逐字逐句地给听众念一遍。这种方式的优点是演讲者对所讲的内容能事先慎重考虑，反复推敲，这样写成的演讲稿结构严谨，措辞得当，因此，它比较适合在严肃庄重的场合中运用。它的缺点是演讲者要常常低头读稿，眼睛一直盯着稿纸，无法与听众交流感情。

（2）背诵式

这种方式也叫脱稿演讲，要求演讲者事先写好稿子，并且反复练习演讲，将稿子背熟后脱稿向听众演讲。这种方式使得演讲者事先能够在稿件上精雕细琢，然后认真练习，反复背诵，默记于心，有了一定的把握才上台演讲。这种方式比较适合于演讲经验少的人。这种方式的缺点是，因为事先做了详细周密的准备，正式演讲时一定要把握好分寸，否则往往有表演的倾向，甚至使人感到是在哗众取宠，矫揉造作。

（3）提纲式

这种方式不要求演讲者一字一句写一份完整的演讲稿，只需把层次结构按提纲形式写下来，然后借助提纲进行演讲。它的特点是能避免读稿式和背诵式共同的弊端——与听众感情交流太少。演讲者可以根据原则性的提纲阐述论题，也可以根据听众反应等临场情况来调整演讲内容，增强感染力。

此外，提纲式的说话方式也保持了读稿式和背诵式的优点，即对内容可以事先有所准备。有一定的时间收集材料，考虑要点和论证方法，熟悉整个结构层次，将主要例证用简练的句子排列即可，演讲时靠提纲来开启思路。

（4）即兴式

即兴式是指演讲前没有充分准备而临时组织语言的演讲，有主动和被动两种。所谓主动是指没有外力的推动和督促而发表的演讲，演讲者可能是会议的主持人，如主持演讲会，要介绍会议内容、宗旨、介绍演讲者等，要做开场白和一些即兴讲话。所谓被动是指演讲者本未打算演讲，但在外力（如主持人的敦请或大家的要求）的推动下，不得已临时发表演讲。

（5）辩论式

辩论式是指就某个问题或某种情况进行论辩、比较，以断定其是非曲直的演讲，常用于政治界、学术界、外交界和一些演讲比赛。如某一年的"全国十城市青少年演讲邀请赛"上，除命题演讲外，还设了辩论演讲赛。

2. 按对象分

大致分为广播演讲和电视演讲。

（1）广播演讲

这是由于现代无线电技术的迅猛发展而产生的一种演讲。演讲者在广播电台，对成千上万的听众发表演讲。如在第二次世界大战期间，斯大林就曾发表过著名的《广播演讲》。

（2）电视演讲

电视演讲主要指的是各类电视演讲赛，对象是电视机前的观众。

3. 按性质分

主要分为专题演讲、学术演讲以及礼节演讲。

（1）专题演讲

这种演讲是专门就某一问题或主题发表见解、体会的演讲。如1984年7月在吉林举行的以"党在我们心中"为主题的"江城之夏"好口才邀请赛上的演讲。

（2）学术演讲

这是以研讨学术问题为中心的演讲。如我国著名演讲理论家邵守义的《领导干部的口才》《好口才与演讲术》等。

（3）礼节演讲

这是指在交际场所发表的旨在表示赞美、感谢、祝愿或者让人感到有趣的礼节性演讲。如在欢迎或欢送会上的演讲，在联欢会、宴会上表示祝愿的演讲等。

4. 按演讲内容分

这种演讲主要涉及政治内容、教育内容、经济内容等。

(1)有关政治内容的演讲如竞选演说、就职演说(或称施政演说)、会议辩论、集会演说等

①有关竞选内容的演讲

这是演讲者向公众阐明自己的政治主张和施政方案或同竞争对手展开辩论，以赢得公众的拥护，从而获得某种领导职位而作的演讲。这种演讲在西方国家被普遍使用，它是竞选议员和政府首脑的一种手段。

②有关任职内容的演讲

这也叫施政演说，是新当选或连任的政府首脑、地方长官或部门领导就怎样处理国内外、地方和部门事务发表的演说。

③有关会议内容的论辩演讲

这种演讲是指在国家或地方内部会议上讨论重大决策或在联合国及其他国际性会议上就有关政治问题表明个人(或代表政党、政府)的观点和立场。

④有关集会内容的演讲

通常是在政治性集会上发表的演讲。

(2)有关教育内容的演讲，包括知识讲座、学术报告等

这是演讲者向听众传授文化科学知识的演讲，如知识讲座、学术报告等。

(3)有关经济内容的演讲，包括商业广告、投标介绍等

这是指以先进人物的先进事迹为主要内容的演讲。这些事迹首先

是反映社会中的正能量；其次应具有典型性，对听众对社会有参考意义；最后，演讲者对演讲事迹要有切身的感受和深刻的理解。同时，对事迹内容还要有恰当的取舍和逼真、生动、感人的表达。它包括以下几种形式：

政府或部门财经管理人员及企业家作的关于经济问题的演讲。如商业广告演讲、投标介绍演讲等。

5. 按目的分

大致分为娱乐性演讲、传授性演讲（或称学术好口才）、说服性演讲、鼓动性演讲、凭吊性演讲（葬礼性演讲）等。

（1）娱乐性演讲

在庆祝和纪念活动中，演讲者为了让听众能够心情愉快所作的幽默风趣的演讲。

（2）传授性演讲

演讲者只是把自己所掌握的知识传授给别人，或把某些消息传播给听众，一般不与听众发生争辩。

（3）说服性演讲

演讲者要使听众明辨事理、认可自己观点的演讲。如国外一些国家竞选总统时的演讲等。

（4）鼓动性演讲

这种演讲用热情的语言把听众的情绪鼓动起来，使之向着既定的目标奋斗。在"五四"运动中，革命青年的演讲大部分都带有鼓动的性质，他们的目的是要激励民众行动起来反帝救国。

（5）凭吊性演讲

这是在葬礼上或者在纪念某人逝世周年的大会上所作的演讲，也叫葬礼演说。它形成于古希腊，据《伯罗奔尼撒战争史》记载，雅典人很早就有了在举行葬礼时发表演说的习俗，主要用于凭吊在战争中阵亡的将士，每年举行一次，这种演说后来传到古罗马，再由古罗马传遍欧洲及全世界，其实用范围也逐渐扩大。

（6）游说性演讲

这种演讲没有固定的场所。例如，我国春秋战国时期，孔子、孟子、苏秦、张仪等周游列国的演讲。

6. 按场合分

按场合大致分为：游说性演讲、巡回演讲、街头演讲、法庭演讲（或称司法演讲）、课堂演讲、教堂演讲、大会演讲、宴会演讲、广播好口才和电视演讲、其他演讲，等等。

（1）街头演讲

这是在街头巷尾等露天场所进行的演讲。

（2）法庭演讲

原告或被告及律师等司法人员在法庭上作的演讲。一般分为诉讼和辩护两种。

①诉讼演讲

原告或公诉人在法庭上对被告的指控和申诉。

②辩护演讲

被告为了证明自己无罪或罪轻而同原告或公诉人进行的辩论演讲。它可分为被告本人的辩护演讲和律师（或辩护人）的辩护演说两种。被告在法庭上发表的辩护演说叫直接辩护演说。在法庭以外的场合发表的叫间接辩护演说，这种演说起不到自辩的作用。辩护演说还可从性质上分为两类：一类是纯粹为个人或某一案件进行辩护的演说；另一类在表面上看来是为个人，实际上却是为了某项事业而发表的演说，这种演说不只是单纯地用于无罪或轻罪的自辩，因而在力度、情感、气势等诸方面更为强烈宏大，也更能打动听众的心。苏格拉底的自辩、巴黎公社女战士路易斯·米歇尔在凡夫赛法庭的辩护演说、季米特洛夫在莱比锡法庭上的答辩等是这类演说的典范。

演讲"控场"有技巧

演讲时听众的目光几乎全在演讲者身上，演讲者在场上难免会有一些紧张，尤其是对于初次演讲者而言，一些偶发事件，如果处理不当，肯定会影响演讲的最终效果，因此学会演讲"控场"很重要。

有些演讲者会在临上场前感到特别紧张。之所以会这样，是因为信心不足或心理压力大。遇到这种情况千万不要慌，否则只会加重自己的心理负担，使自己更加紧张。这时最好做几个深呼吸，通过这种方式来进行心理调节，达到镇定的目的。也可在脑海中回顾一下要演讲的内容，内容清楚了，也就心里有数了，紧张的感觉自然也就消失了。

有些初次演讲者，在面对众多听众的时候，在场上也会突然紧张。这种状态可能会导致演讲者讲话失误，这时明智的做法是用反问法加以掩饰。如"我这样说对吗？不对！因为……"这样听众不但难以察觉到演讲者的失误，而且还以为是演讲者有意而为之，从而使听众从反面加深对问题的理解和认识。有的演讲者因为紧张，会出现记忆中断的情况，这时演讲者可采取各种方法进行弥补和掩饰。如临时插话，对上述内容加以发挥，或加重语气重复最后几句，也可以后话前说，前话后补，从而赢得时间，回忆忘却的内容，将思维的链条续接上去，控制会场气氛。

有些演讲者的演讲内容可能会相对较长一点儿，时间长了听众可能会显得疲惫，会场出现喧哗声，没人把心思放在演讲者身上。面对这种情况，演讲者可采用悬念法、幽默法、穿插法等对症下药，调整演讲内容，或举例子，或讲故事，或提问题，围绕演讲的中心，把听众散漫的思绪拉回到演讲内容上来。倘若听众对演讲者的意见持反对态度，演讲者应先环视全场，然后面朝持反对意见听众的方向，以亲切温和的态度，设法消除听众的对立情绪。把话题转过来。切不可不理听众的感受以及现场的气氛，自顾自地演讲，这种唱独角戏的做法，一般不会有好的效果。

对于这种方法要学会并灵活运用，演讲控场技巧难度较大，需要演讲者在实践中不断摸索，巧妙运用提升气氛的方法控场，提升气氛有如下方法：

1. 独创性的开篇

很多演讲者喜欢用老套的方式开始演讲："大家好！我叫……，今天我要演讲的主题是……"这样的开头很难抓住听众的注意力。你不妨来一个这样的开头："大家好！我叫×××，今天能和大家共同学习，我万分激动，也希望今天我的演讲对大家有所帮助。"像这样的开头一定能让大家眼前一亮。

2. 制造悬念，与听众互动

演讲者在演讲过程中要适时地制造一两个悬念，这样不仅可以活跃现场气氛，还可以吸引听众的注意力。如果再向听众提一些有针对性的问题，让听众参与回答，与听众互动，效果就更好了。

3. 穿插趣闻轶事

为了提升演讲效果，可以先讲一段趣闻以引起听众兴趣。一件往事、一首诗、一个人的某段经历，都可以作为趣闻吸引住听众。当然，趣闻轶事不能恶俗，要能为演讲的中心思想服务，与演讲的内容存在联系。

4. 赞美听众

赞美听众可以拉近演讲者与听众的距离，引起共鸣，让听众感受到自己的观点被认可的成就感和满足感，情不自禁就会沉浸在自己的话题中，不至于成为局外之人。

即席把握"煽情"之道

演讲者要抒发情感，往往通过演讲内容表现出来，所以必须掌握演讲时的"煽情"技巧。

从演讲的命题到演讲者的观点，从演讲内容的叙述到议论，都浸透着演讲者的感情。不同的演讲者抒情的手段不同，有的直接，有的间接。最直接的语意传情是直抒胸臆。不少感情浓烈的演讲到了一个高潮时，演讲者往往会用相对独立的语段，以排比句、反问句、感叹句、重叠句等句式直抒胸臆，使压抑在胸中的情感如潮水般一泻而出，淋漓痛快。

　　林肯做律师时，曾在一次诉讼中以具有充沛的情感的辩词赢得了胜利。

　　一天，一位老态龙钟的女人来找林肯，哭诉自己被欺侮的事。这位老妇是美国独立战争时一位烈士的遗孀，每月靠抚恤金维持生活。不久前，出纳员竟要她交付一笔手续费才准领钱，而这笔手续费等于抚恤金的一半，这分明是勒索。

　　开庭后，被告矢口否认要过手续费，因为这个狡猾的出纳员是口头进行勒索的，没有证据，情况显然对林肯不利。轮到林肯发言了，上百双眼睛紧盯着他，看他有无办法扭转局势。

　　林肯用抑扬顿挫的语调，首先把听众引入美国独立战争的回忆中。林肯两眼闪着泪光，述说爱国志士是怎样忍饥挨饿在冰天雪地里战斗，为浇灌"自由之树"洒尽最后一滴鲜血。最后，他做出令人怦然心动的结论：

　　"现在事实已成了陈迹。1776年的英雄，早已长眠地下，可是他那衰老而可怜的遗孀还在我们面前，要求我代她申诉。这位老妇人从前也是位美丽的少女，曾经有过幸福愉快的家庭生活，不过，她已牺牲了一切，变得贫穷无依。她不得不依靠革命先烈，用革命先烈争取来的自由，向我们请求援助和保护。试问，我们能熟视无睹吗？"

　　发言至此戛然而止。听众早被感动了，有的捶胸顿足，扑过去要撕扯被告；有的眼圈泛红，为老妇人流下同情之泪；还有的当场解囊捐款。在听众的一致要求下，法庭通过了保护烈士遗孀不受勒索的判决。

可以说，林肯的演讲非常成功，他的辩论也是无懈可击的。

演讲时的抒情可以引起观众共鸣，要想让你的演讲成功，把握这些"煽情"的方法很有必要。

演讲出现漏洞巧圆场

听众的反应是衡量演讲成功与否的重要标准。一个出色的演讲者，面对听众各种不同的反应，既要沉着而机智地应对，表现得从容不迫、稳坐大局，又要生动活泼，有激情，这样才能使演讲取得圆满的成功。

著名相声演员马季，有一次到湖北省黄石市演出。在他表演之前，有一位演员错把"黄石市"说成了"黄石县"，引起了观众的哄笑。在笑声中，马季登台演出了。他张口就说："今天，我们有幸来到黄石省演出……"这话把哄笑中的观众弄糊涂了。正当大家窃窃私语时，马季解释道："刚才，我们的一位演员把黄石市说成县，降了一级；我在这里当然要说成省，给提上一级，这样一降一提，哈哈，就扯平啦！"

几句话，引得全场哄堂大笑。马季机智巧妙地圆了场，使演出得以顺利进行。这就是所谓的"打圆场"，马季之所以能把这个场面给"圆"下来，关键还在于他有较强的应变能力。

一个艺术家如此，一个演讲者也应该如此。我们无论是演讲还是论辩，都是在与听众进行情感交流、信息传递。这就需要我们在演讲、论辩的过程中懂得随机应变，观察对方的表情，根据听众的反馈，及时调整我们演讲、论辩的内容和角度，把听众不愿听而我们又打算讲的东西删掉，加进一些听众感兴趣的内容。

演讲出现漏洞时，及时采取措施应对听众的反应，是对演讲者应变能力的锻炼，也是一个演讲者的必备素质。

对答如流，随机应变

不同的演讲会产生不同的效果。面对听众的不同反应，演讲者要培养自己随机应变的能力，及时采取应对策略。

善意的反应，是指当我们在听众面前讲话时，听众所做出的表示认可的反应。不同性质的演讲，会引发听众不同的反应，在演讲者比较熟悉的群体面前，听众很容易出现善意的反应，这样有助于保持会场的良好气氛。有一些较为严肃的场合，听众的好恶较不易表现出来，即使心里不喜欢听，也不会表现出抗拒的态度。例如，某公司为了选举部门经理而举行竞选会，一些拼劲十足的年轻人走上讲台展示自己的实力。他们在讲话的时候，听众会产生不同的反应。

"说的对，就是这样""对啊，说得没错""我有同感"，很明显，这些均是善意的反应，是对演讲者的支持。

但是，也许会有支持别人的听众在台下高喊："喂，你讲的是什么？简直是胡说八道""别再说了，马上下来吧""闭嘴，别再把我们当傻子"……

演讲时，即使听众反应不一，也不能不把听众的反应不放在心里。这时只要演讲者表现得从容不迫，善意的支持者呼声便会越来越高，甚至会主动为演讲者维持会场秩序："喂，安静一点！""别再捣乱，别人还想听。"最后，善意的反应会呈现压倒性的力量。那些有着恶意反应的人，反而会默不作声。善意的反应之所以深受演讲者的欢迎，是因为这些呼声会自动围成圆圈，维持会场的良好气氛。

对听众的善意反应做出应答是演讲者应有的礼貌表现，只有你尊重听众，听众才会尊重你。

表达好的演讲内容有技巧

精彩的演讲能激发听众情绪、引起共鸣。成功的演讲在内容语言上是有所要求的。首先要内容精辟，见解深刻，有独到之处，发人深思，语言表达要形象、生动，富有感染力。演讲者可以借助诗歌、散文等形式，通过华丽的辞藻和澎湃的激情，感染听众，把听众带入诗一般的境界。

1863 年 11 月 19 日，美国前国务卿爱德华·埃弗雷特，在盖提斯堡国家烈士公墓落成仪式上，发表了这样的讲话：

站在明净的长天之下，极目远眺经过人们长年耕耘而已安静憩息的广阔田野，那雄伟的阿勒格尼山脉隐约耸立在我们前方，兄弟们的坟墓就在我们的脚下，我真不敢用我这微不足道的声音来打破上帝和大自然安排的这意味无穷的宁静。但我必须履行你们交给我的任务，因此请求你们施与我宽容和同情。

埃弗雷特运用了抒情的表达方式，把听众带入了美丽、壮阔、庄严、肃穆的气氛中。

但是要注意，这种抒情式的开场白不能夸大其词，滥用修辞，否则容易适得其反，让人觉得演讲内容空泛、抽象甚至可笑。

有人是这样开头的："当我走进大学校门的时候，我像是一头牛，看到了一片青翠嫩绿的牧场；我像是一条船，泊进了一条港湾；我像是一块矿石，被投进了一座熊熊燃烧的炉；我像是一只乳燕，这里成了我练翅的屋梁……"

从文字上看，行文非常流畅。但这种比喻、象征和细节描述太抽象了，一味追求修辞华丽，而忽视了主题内容的展现。

把握演讲时间

演讲是一门艺术。要想提高演讲水平，不仅要了解该怎么做，还要从时间上把握住演讲的时间进度。

听众在听演讲时，注意力随时可能分散。这是因为听众很有可能突然想到了与演讲无关的事。因此，演讲者必须注意说话的速度和节奏，这样才能吸引住听众的注意力。演讲时切忌声音太小，使部分听众听不见，这样很容易使听众分散注意力，甚至会引起听众不满，从而交头接耳，窃窃私语。所以说，演讲者的声音一定要洪亮、有力，甚至大到足以压倒部分听众议论纷纷的嘈杂声，如此才能吸引观众的注意力。

另外，在演讲时，要注意通过对语言灵活、准确地运用来吸引听众的注意力。因为听众只对自己能够理解的内容感兴趣，如果演讲者的内容超过了听众的理解水平，听众会难以接受。他们可能采取两种办法：猜测演讲内容的意思或干脆不听。反之，如果演讲者的内容过于肤浅，听众就会对演讲持强烈的否定态度。所以，演讲时尽量用比较通俗的语言，只有听众听懂你的语言，听众对你的演讲才能做出公正的评价。

研究表明，演讲开始20分钟之后，一般人的注意力开始下降，一个小时以后注意力急剧下降，所以演讲者要考虑到听众注意力的持续时间。演讲者在准备演讲时，要尽量把自己的演说压缩到最短时间，在听众的注意力非常集中的时间段，把自己所要讲的话都讲完，以使得演讲取得最大效果。

有些演讲者为了赢得听众或者评委的认可，会刻意说一些客套话，博取听众的欢心，其实这种做法不仅不会赢得听众的欣赏，反而可能引起听众的反感。所以，演讲者要自觉做到充分考虑听众对象，少说无用的客套话。演讲者要提高自己的水平，如果一直说些毫无意义的客套话，不仅浪费时间，而且影响演讲气势。对比那些气势博大、节奏感强的演讲，听众再听到那"讲得不好，请大家多包涵"之类的客套话，就可能不耐烦了！所以，演讲中尽量少说客套话。

掌握演讲的音量和语速，控制好演讲的节奏，尽量少说客套话，是获得演讲成功的前提。

演讲中的禁忌

演讲时的内容切忌冷漠乏味。

有人讲话过于啰唆，讲起来又毫无头绪，叫人摸不着头脑。有的人讲话不合逻辑，妄下论断，或者不顾事实，主观臆断。还有的人讲话时毫无表情，呆若木鸡，甚至肌肉绷紧，脸色铁青，缺少情趣，语调平淡，没有抑扬顿挫的变化。演讲时缺乏真情实感，内容乏味，肯定吸引不了听众的注意力，当然听众也不可能对演讲的话感兴趣。另外，演讲贵短，应该长话短说。有的人讲话不仅冗长而且晦涩难懂，用的全是书面语言，会使听众很不明白。

托尔斯泰说："真正的艺术永远是十分朴素的，明白如画的，几乎可以用手触摸得到的。"演讲语言要力求通俗化、口语化，如果一直用那种文绉绉、酸溜溜的语言，既不亲切，又晦涩难懂，弄得不好，还会闹出笑话。因此，演讲要尽量避免使用书面用语，更不要用文言文，尽可能用口语，简单明了，抛弃晦涩难懂的术语和舶来语。有的人讲话不看对象，不分场合，这就难免在内容、措辞、语气等方面犯不妥善、不贴切、不礼貌、不恰当等问题，因此，演讲时要加以注意。

由于我国面积广大，方言众多，欲使演讲通俗易懂，明白通畅，一定要讲普通话，否则就可能会出现语言交流障碍。演讲要按照内容的需要，针对不同的对象，使用不同的语言形式。

演讲内容啰唆重复、艰涩冗长、故弄玄虚，都是演讲当中应该避免的，如果不注意，势必有碍于演讲的成功。

如何提高自己的演讲口才

提高自己的演讲口才要注意以下五点：

1. 注重积累吸收知识

不积跬步，无以至千里；不积小流，无以成江海。想要演讲时胸有成竹，就必须从点滴积累，扩充自己的知识量。要善于遴选演讲材料。现今人们接触的信息面比较广，途径多样，读书、上网、人际交谈等都是有效方式，但要及时从大量的信息中去伪存真、去粗取精，遴选富有新意的知识点，及时摘录备案，便于查阅。俗话说，书读百遍，其义自现。多学多看，加强印象，及时将积累的知识储存到自己的大脑中。知识要结合工作实际，使其真正内化为自己的能力和技能。

2. 要选择恰当的场合和表达方式

演讲，场合的选择至关重要。如表彰会、文艺晚会等催人奋进、轻松欢快的场合要讲些能活跃气氛的话；现场会、观摩会等形式丰富、不拘一格的场合要讲些能调动大家情绪的话。照本宣科的话尽量不说，容易让人厌烦。

3. 讲话要富有逻辑

演讲者要避免演讲天马行空、言之无物，力求言简意赅、突出主题，紧紧围绕一个中心，所有论据、论证都要围绕中心服务。例如，开展总结表彰会要围绕"成绩如何取得"这一主旨，从主、客观等各项因素分析论证，最终的目的都是围绕"成绩如何取得"开展。

演讲时还要脉络清楚、层次分明，让听众一听就懂。如在现场会介绍引进重点项目，首先要介绍项目的引进、建设、生产等过程，不必过多论述项目的辉煌历史、远景宏大的规划等。

4. 演讲要风趣活泼

演讲要形式新颖，为吸引听众注意，讲话中可穿插名言警句、哲理故事、幽默笑话等，充分吸引听众的注意力。

5. 演讲时要配合肢体语言

演讲时要配合必要的肢体语言，这样可使内容更为生动，增添演讲魅力。演讲者要站有站相，坐有坐相，落落大方，给人一种冷静沉着、气度不凡的感觉。

演讲时还要经常用目光和听众交流，眼睛是心灵的窗户，演讲时目光要徐徐扫过所有讲话对象，让听众感受到重视，这样可以促进沟通交流，拉近情感距离。

即席演讲的特征

即席演讲必须以最快的速度找出恰当的语言来反映自己的思想，这就需要演讲者思维敏锐。通过演讲，演讲者可以在特定的情境中借助有声语言和身体语言，针对社会现实，面对广大听众发表意见，抒发情感，从而达到演讲的目的。即席演讲有两个最突出的特性：

一是演讲者事前未做准备，处于一定的时境，感人、感事、感情、感景，随想随说，内容可长可短，有感而发；

二是形同日常说话，这种形式比较随意，所以在人际交往中被普遍应用。

即席演讲不同于其他演讲的独特之处就在于，要特别注意临场发挥的针对性和感染力，如果只有"讲"没有"演"，只作用于听众的听觉器官而不作用于听众的视觉器官，就会使演讲缺乏感染力；如果只有"演"而没有"讲"，就会本末倒置。所以，二者缺一不可，相辅相成。"演"与"讲"的和谐必须是以"讲"为主，以"演"为辅，"演"必须建立在"讲"的基础上，否则便失去了演讲的意义。

演讲要抓住听众的心

演讲总是离不开下面四个要点：说明事理、说服听众、引起共鸣、使人发生兴趣。要想让你的演讲成功，首先必须营造一个良好的听知氛围，也就是说要牢牢地吸引住听众。

许多人认为只要说起来滔滔不绝，就算是有口才，其实"信口开河"是演讲者的大忌，自以为是的"滔滔不绝"也是演讲的忌讳之一。健谈并不等于有口才，能说并不一定会吸引听众。要想让演讲有说服力，就要在演讲的主题、目的上下工夫，如果演讲一开始就喋喋不休，没完没了，反倒令人生厌。

明确演讲目的

演讲首先要有动机。因为，有了动机，才会促使演讲者认真酝酿，仔细做好演讲的准备工作。

当林肯在葛底斯堡发表他那不朽的演讲时，当林肯发表他第一次及第二次出任总统的演讲时，林肯的主要目的，就是说服人而使人感动。当然，要说服人而使人感动，就应该将目的讲得十分清楚。林肯在同法官讲话的时候，是希望得到有利的判断；他在进行政治活动演讲的时候，是希望获得较多的选票。

演讲时，首先要明确为什么说，要有明确的目的，话要说到点子上。演讲的内容要有一个明确的中心，主题明确，观点鲜明，如此方能给听众留下清晰而深刻的印象。在演讲开始前必须注意从思考过的众多观点中选择出最能体现讲话宗旨的观点作为中心话题，而后围绕这一中心展开阐述，所有的材料都必须为这个中心议题服务。

在表达自己的观点时，要三思而后行。要对自己的观点仔细思考和推敲，力求对事物有足够的认识，把自己的观点整理明白再说。

当然，演讲先要确定主题。不管是在什么场景下，都要先快速选择一个好主题，这并非一件容易的事，需要反复琢磨。

美国著名演说家詹姆斯说："在一小时的演讲中，只可以提出一个要点来解说。"演讲要让听众乐于接受，让听众知道你要说些什么。首先，要让听众听得懂，能抓住听众的心，吸引他们的注意力。所以演讲时要加强主题的鲜明性，条分缕析，突出重点，不能东一榔头西一棒槌，这样会让听众摸不着头脑。其次，还要注意多使用大众化的平易近人的语言，尽量少用深奥的术语，不能故弄玄虚，不然不但不能显示你的学问，反而会让听众听不明白，产生反感。

如何才能更有效地加强演讲主题的鲜明性呢？记住，要态度真诚，饱含热情，越是言简意赅、形象化的主题越容易让人接受，越是平实的语言越能打动人，给听众留下深刻的印象。

演讲者在刚开始发言的时候要尽快点明主题，免得人们听得不耐烦。一个新颖、生动、恰当而富有吸引力的主题还要具有概括性，能把内容、目的全面地反映出来，演讲者要能在未讲完之前就告诉听众你要讲的是什么，是政治性的、学术性的还是伦理道德方面的，等等，听众可以据此选择听或不听。

演讲的内容应能揭示主题，要有吸引力和积极意义，并要紧扣事实，是听众实际关心的问题，考虑听众的思想修养、文化水平、职业特点、阅历等，有的放矢。

演讲内容要主旨鲜明，针对问题表明观点，表明拥护什么方针，传达什么政策，批评什么错误，提出什么要求等，抓住要点、突出重点，不必面面俱到。

主题还应该有情感色彩，这样有助于把强烈的爱憎情感注入演讲里面，从而打动听众，对听众有一种情感的导向作用和激发作用。如鲁迅的《流氓与文学》、马克·吐温的《我也是义和团》等，其爱憎情感都很鲜明。

演讲表述有技巧

演讲是一门艺术，是通过有声语言的生动运用，产生撼动人心的说服力和感染力的一种说话形式。熟练掌握演讲的各种表述技巧，是演讲获得成功的基本条件。

演讲内容的表述方法有叙述、议论、抒情三种。如果能够合理地运用这三种表述方法，你的演讲便会赢得满堂喝彩。

1. 叙述方式的运用

要努力使用形象化或富有表现力的语言，做到详略结合，繁简得当。同时，演讲的内容要融情理于事、景、物中，通过对气氛、场面、人物、事件的描述与渲染，让听众直接感知、体察到演讲者的情感，思考演讲的内容。总之，就是既要晓之以理，又要动之以情，打动听众，引起共鸣。

2. 议论方式的运用

采用议论的方式便于演讲者一针见血地指出事物的本质或发表自己的见解。议论的表达方式往往能够将道理阐释得深入浅出、淋漓尽致，常常是听众喜闻乐见的一种方法。

3. 抒情方式的运用

演讲是否成功，在很大程度上取决于听众对演讲内容能否产生情感认同。所谓"感人心者，莫先乎情"。抒情的表达方式可以把美好、真挚的感情表露出来，从而感染和征服听众。这种表述方式通常借助那些表示肯定、赞扬或否定、批判的词语和排比、反问等修辞手法来传递演讲者的真挚感情，这样往往更容易叩动听众的心扉，把听众带入情感的旋涡。诸如对真善美的歌颂，对假丑恶的鞭挞，表达这些代表着人类美好倾向的情感，才能引起听众的共鸣。

在不同的表述方式的运用中，要使演讲通俗明白，具有感召力，使用多种修辞手法也是必不可少的。诸如排比、引用、比喻、反复、拟人、双关等修辞手法，能使演讲妙语生辉，大放光彩。熟练掌握叙述、议论、抒情这三种表述技巧，有利于促进演讲成功，有时能取得异乎寻常的效果。

演讲要寻找合适的材料

架屋要有顶梁柱，说话要有根据，演讲要寻找合适的素材。演讲者提出的观点必须有充分的材料支持，这样演讲才会言之有物，令人信服，否则就容易变成痴人说梦。那么，到底什么样的材料、内容或话题能够吸引听众的注意力呢？

"造语贵新"，演讲者新颖的观点、独到的见解、巧妙的解说，常常能赢得听众的赞叹与喝彩。但这些都离不开论据和材料，寻找合适的材料为论点服务，也是演讲者时常感到头疼的难题之一。如果所选的材料没有代表性，或是泛泛而谈，或是陈词滥调而没有新意，就可以摒弃。如果所选的材料只是滥竽充数，那反而会适得其反，削弱论点。

卡耐基曾对最容易使听众接受的演讲材料做过一番调查，那些人们亲身体验或比较熟悉的材料往往容易引起人们共鸣。比如，儿时的经历、奋斗中的心情、信仰、愿望，以及有关事业、家庭、朋友等话题。对于听众并不了解、不熟悉的东西，卡耐基认为最好还是少讲或不讲，因为听众不熟悉，便很难有体会，自然也不能产生共鸣。所以，演讲者要实事求是，自己不了解的演讲内容即便认为再好也不要不懂装懂，甚至冒充内行，那样会闹笑话，让听众觉得你浅薄。

演讲之前要有所准备

古话说："凡事预则立，不预则废。"我们要想充分地展示自己的口才，作一次成功的演讲，事先必须有所准备。正如建筑施工要有蓝图，才能够一层一层地往上建。在演讲之前，演讲者对听众应有一定的了解，在脑海中形成一个演讲计划，或付诸笔端，才能"有备无患"。如此准备妥当，演讲时方能舌绽春蕾，口吐莲花，顺畅流利，使演讲取得成功。

凡事预则立，不预则废，做事前要先做好准备，才不至于事到临头慌里慌张，乱了阵脚。一次成功的演讲，离不开好的话题。选择话题时，可以选择自己熟悉的内容。只有熟悉，才能根据自己切身的体会有话可说，才能谈得真切，讲得深入。相反，如果选择自己不熟悉的内容，一是演讲可能会出错，二是也无法将演讲内容说透、说明白，甚至给听众留下弄虚作假的坏印象，这不仅有损演讲者的形象，也是对听众的不负责任。

演讲者在选择话题时必须考虑听众的兴趣。在演讲前，了解特定听众的思想活动、文化程度、职业状况、兴趣爱好等基本情况，抓住他们普遍关心的问题，真正做到有的放矢。譬如：对大学生可以介绍就业形势，对农民朋友可谈如何让庄稼增收，对机关干部谈国内外的时事政治。如果对中老年人谈追星族，对工人讲解科学种田，谈得再好恐怕也不会受欢迎。立意是确定自己的立场和观点。演讲者应秉持鲜明的立场，阐述明确的观点，而且立场、观点必须符合时代精神，符合历史进步的方向。

演讲还应定一个恰当的题目。题目要求文字简洁，观点明确，切忌冗长拖沓、含混不清或苍白无力，要新颖别致才能让人耳目一新。

化"生"为"熟"讲明白

当你对听众讲些他们完全生疏的话题时，如何让听众感兴趣并听明白呢？演讲者要努力把听众觉得生疏的东西，转化成简单、形象的内容。

用人所熟知的东西做比喻，能让听者对陌生的东西有一个具体的印象，比较容易理解。

英国物理学家罗伯特讲述原子的本质和面积时，说一滴水中的原子，正像地中海的水滴一样多。这个比喻真是恰到好处。因为听众中有不少是从直布罗陀海峡经过地中海来到苏伊士运河的，所以对于这个比喻极易了解。但罗伯特为了听众理解得更透彻，所以另外又作一个比喻说："一滴水中的原子数，正像地球上的草叶一样多。"

当众讲话也可以用这个方法使听众听明白。如果你要形容金字塔的高大，你可以先说具体高度，然后再用人们日常所见到的建筑物来作比喻。你可以告诉人们塔底的面积，相当于占着城内多少街道和房屋。你不要对人家说这个有多少升，那个有多少桶，不妨说某种东西多到可以装满一个大礼堂。你想要形容一个建筑物的高度，不妨说比大礼堂高多少米。你不要用丈里的数目来表示距离，应该说从这里的公交站一直到某街有多远。这样用人所熟悉的事物打比方，能让听众更明白。

演讲少说专业词汇

如果你是律师、医生或是工程师等专业人士，当众讲话的时候应该注意，尽量不要多说专门的术语。很多社交场合，演讲者如果不注意这一点，只管说一些专业名词，会让听众听不明白，如果不顾及听众的理解能力，仍是滔滔不绝地讲，这样势必会引起听众的厌烦。

有一个医生在一次健康讲座上说："横膈膜的呼吸，对于腹部的蠕动有很大的帮助，而且也有益于健康。"他这样说了之后，立刻就去讲别的话。

有听众问他："横膈膜的呼吸和其他器官的呼吸有什么不同？为什么对身体特别有益？还有，蠕动的动作是怎样的？"

这个问题使那位医生十分惊讶，于是他又重新解释说："横膈膜是一层很薄的膜，它的位置是在胸部和腹部中间，当你在做胸呼吸的时候，它的形状正像一只覆着的盆；你做腹部深呼吸的时候，它被空气挤压着，差不多由弧形变成了平面。这时候，你可以感觉到你的胃压迫着你的腰。所以，横膈膜向下的压力，摩擦并刺激到你腹腔上部的各种器官，像胃、肝、胰以及上腹部的神经网等。当你呼出空气的时候，你的胃和各种上腹部的脏器被横膈膜推了上去，这一个摩擦，是帮助你排泄。消化不良以及便秘等疾病，大都可以通过横膈膜的呼吸练习而消除。"医生如此解释，听众才听明白了。

由此可见，有些演讲者认为听众已经听懂了，但实际上只是自己的错觉，有的听众对于演讲者来说是外行，对专业术语根本就不了解，不明其意怎么能接受演讲者的观点呢？

所以演讲最好少用专业术语，尽量选择大众化的词汇，如果一定要用深奥的词汇，就要把其形象化地解释清楚才行。

演讲说好开场白

如果我们把即席演讲比作百米赛跑，那么开头就是起跑。好的开场白如演讲者奉献给听众的一束多姿的花朵，精心设计一个引人入胜的开场白具有特别重要的意义，往往直接影响演讲的进程和效果。

对于演讲者来说，精彩的开场白能够引起听众的兴趣，赢得听众的好感，使演讲顺利地切入正题。否则，就难以与听众建立良好的互动关系。但演讲的开头不应拘泥于一种形式，而要多种多样，视听众酌情而定。一般有以下几种方式：

1. 直入式

这种演讲方式，就是我们说的开门见山。演讲一开始就直截了当地进入正题，或叙述演讲的题目，或叙述演讲的缘由，或讲述具体的事实，或提出某位名人曾提出的问题，或出题要求听众作答，等等，这些都是以直入的方式来进行的演讲。

2. 导入式

这种演讲的开场式，就是在谈到演讲主题之前，先来一个楔子。用一段与演讲正题相关的话语调动听众的思想和感情，引起听众的兴趣和注意之后再进入正题。这个楔子，可以是一个幽默故事、一件惊人的实事、一则笑话、一首小诗，也可以是一个比喻、一段名言，还可以做出某种承诺，提出某个问题等。

3. 即兴式

这种方式是在开头就地取材，临场发挥。它的方法有很多，可以讲当场的情景、当日的天气，可以谈谈自己的感受，可以接过上一位发言者的话茬儿继续发表自己的看法。

精彩的开场白引人入胜

开场白很重要，能不能马上抓住听众的注意力，往往决定着整个演讲的成败。好的演讲者就像一个出色的导游，能一下子把听众带入讲话者为他们拟设的胜境。好的开场白最易打开局面，便于演讲者引入正题。因此，开场白不能平铺直叙、平庸无奇，而要努力做到不落俗套、语出惊人，这样才能出奇制胜、先声夺人。

1883年，恩格斯在伦敦参加马克思的葬礼时，在墓前说："1883年3月14日下午2点3刻，当代伟大的思想家停止思想了……永远地睡着了。"

恩格斯不说"逝世"而说"停止思想""睡着了"，他用委婉的语言，表达了对伟大革命导师去世的巨大悲痛，渲染了悼念的悲伤气氛。

世界著名电影喜剧大师查尔斯·卓别林在第一次世界大战期间，应邀去华盛顿作自由公债募购的动员演讲。在华盛顿的一个足球场内，卓别林面对着站在球场上成千上万的听众，不停地说："德国人已经到了你们的大门口，我们必须拦住他们！只要你们买自由公债，我们就有力量阻拦他们！记住了，每买一份公债，就可能救活一个士兵——一位母亲的儿子！我们就可以早日打胜这一仗！"卓别林富有感情的演说，极易打动人心。

演讲不管如何开头，主旨不变，要抓住听众的注意力，打开局面，切不可故弄玄虚，或者东拉西扯，不着边际。人们常说，好的开头是成功的一半，因此演讲者一定要把这个"头"开好。

用戏谑式的开场白烘托气氛

演讲就像我们平时看电视和看小说，若开篇不吸引人，观众或读者会立刻换一个频道或舍弃那本小说。也就是说，若演讲的最初几句话没能吸引人，再想通过努力去赢得听众的支持是十分困难的。所以，我们一定要下功夫踢好这"头一脚"。

英国文学家纪伯伦在一次演讲时，曾经逗得听众大笑不已。但他所讲的并不是编造出来的故事，而是他自己真实的经历，他用戏谑的口吻开场，说道："诸位，我年轻的时候，一直住在印度，我常常为某家报馆采访刑事新闻，这工作非常有趣。因为它使我有机会认识一些伪造货币、盗窃、杀人犯等富有冒险精神的天才。"他说到这里，听众就开始大笑起来。

纪伯伦继续说："有时我采访到他们被审判的情形后，还要到监狱里去，拜访一下我那些正在受罪的'朋友'。"听众又发出笑声，"我记得，有一位因为杀人而被判无期徒刑的人，是个很聪明且善于说话的年轻人。他告诉我他的高见：'我觉得一个人如果一失足跌入罪恶的深渊，就非得从此为非作歹不可，最后他会以为只有把其他人都挤到邪路上，才可表现自己的正直。'这句话的'他'正好可以贴切地比喻当时的内阁！"听众的笑声和鼓掌声同时响起。

文学家纪伯伦这"头一脚"踢得相当精彩。很多演讲家就是这样吸引听众的。他们运用戏谑式的开场白，使大家在欢乐中轻易就接受了他们的观点。

戏谑式的开场白，一定要直白，这样才能把问题说清楚，不然会让听众一头雾水，搞不好还容易引起别人的反感。

好奇式的开场白极具吸引力

"在近百年前，伦敦出了一本被公认为不朽的小说杰作，当时很多人都认为它是'全球最伟大的一本书'！这本书出版的第一天，便销出一千册，两星期共销出一万五千册，以后又不知再版了多少次，而且世界各国都有它的译本。

"大银行家摩根以高价买到了这部书的原稿，现在这份原稿收藏在纽约的美术馆中。到底这部世界名著是什么呢？那就是狄更斯的《圣诞节欢歌》……"

这篇演讲的开头采用了好奇式开场白，为什么它一开始就能引起我们的注意，并且渐渐引发人的兴趣？原因在于它勾起了人们的好奇心，使人们的心情犹如悬在半空中一样，急于想听下文。

人都有好奇心，很多人都会被自己的好奇心所影响。所以，如果我们演讲时开口的第一句话就能引起听众的好奇心，那么就相当于掌握住听众的注意力了。很多演讲大师认为，一场演讲的好坏，取决于开场白是否精彩到能激起听众的"求听欲"。

一般来说，演讲开场白要具备两个要素。首先，必须在开始说第一句话时就讲得趣味盎然，不要等到第二句，更不要等到第三句。因为，人们大多注意的是第一句，而这第一句究竟应该讲些什么，得由演讲者揣摩听众的心里要听什么。其次，演讲的题材应是一个固定的模式，要灵活掌握。如果一开始就失去了听众的注意力，那恐怕之后费九牛二虎之力，也未必能挽回颓势。

演讲的开场白使听众获得对演讲者的第一印象，而这"第一印象"负有"静场""镇台"的使命，有烘托气氛、迅速吸引住听众、让听众全神贯注地倾听演讲的作用，因此应下大力气说好开场白。

演讲要让听众听得懂

让听众听得懂，是演讲者发表演讲的最终目的。这就要求演讲者在演讲稿的内容上下功夫，以最简单明了的话，传播你的想法，体现你的主张。那么，采取何种方式能迅速抓住听众的心呢？

1. 演讲要有条理

演讲不要东拉西扯，不能前后不一，不能随心所欲说变就变，想怎么讲就怎么讲。演讲者表达的思想从始至终要一致。要有头有尾、上下协调、前后对照，不要一开口就冒出一句使人摸不着头脑的话。有时说话前可以稍停半秒想一想，不要开口就说，最后发现自己圆不了自己的话会很麻烦。

演讲前要认真考虑清楚，要言之有序，按照一定的顺序来说。通常事情总有开始和结束的过程，而各个阶段又时常有时间和空间的差异。可以按事情发展的先后顺序，或按空间位置的转换逐一说明，这样就会显得有条有理。

原则上演讲的顺序要以听者方便为准。最好按照时间顺序，从开头逐步讲到现在，有条不紊地叙说，不可一会儿讲现在，一会儿又讲过去，过一会儿又回到现在，再过一会儿又要补充一件以前的事情。

演讲除了要有条理，还要注意前后照应，前边说的要与后边说的内容衔接上。一句话合不合适，能否取得好的效果，不仅取决于谈话的对象、目的、场合以及谈话时的心境，也取决于上下文的关联。如果不注意语言相互照应，那么，听者就无法辨别演讲者究竟想表达哪一种思想，容易引起理解上的歧义。因此，在讲一段较长的话时就要事先考虑条理性、上下文的关联和协调。先说什么，再说什么，最后说什么，要做到心中有数。

2. 语言组织有方法

为什么很多人在演讲的时候无法将最普通的事理说明白呢？这是因为有的演讲者对自己要说的内容也不清楚。因此，要想听众听得懂你的意思，不妨自己先试着理解一遍自己的演讲内容。要想说服别人，首先要说服自己。只有你自己先把要说的话彻底弄懂了，才能让别人也听得懂。要想在演讲中打动听众，就必须合理组织自己的语言，用各种方法突出亮点，让演讲的内容浅显易懂。

组织语言通常有以下几种方法：

（1）用数字大小的换喻增强说服力

某位人寿保险公司的经理，对他的下属讲买保险的好处。他说："假使有一位不到30岁的人，自己刮脸，每天省下5分钱的刮脸费，存下作为保险费，他死后可以留给家属1000元。假使有一位34岁的人，他每天本来要吸香烟，如果他把吸烟的钱省下来买保险，自己不但可以多活若干年，死后还可以留给家属一些钱。"

（2）用数字对比加强鲜明性

数字本身是没有感动人的力量的，将其运用到实例中便可发挥出意想不到的作用。

一位演说家在巴黎市参议会讲述关于劳工的情况，讲到中途突然停了下来，取出他的表，站在那里看着听众有1分12秒之久，坐在椅子上的其他参议员都觉得奇怪，用惊奇的目光望着演说家，这是怎么一回事？他忘记了演说词，一时讲不下去了吗？两分钟后，演说家继续讲了起来："诸位，方才大家都感到局促不安的七十二秒钟的时间，就是每一个普通工人造一块砖头所用的时间。"

请看下面两种说法，哪一种最有说服力。

"北京的四星级饭店，共有屋子1.5万间。"

"北京四星级饭店的屋子，如果叫一个人每天换一间住，40年都不能全住一遍。"

再看下面两种说法：

"在欧战之中，英国用去约70亿英镑，相当于340亿美金。"

"你不会吃惊吗？这次的欧洲大战，英国耗去的金钱数目，相当于一个人从哥伦布发现新大陆一直到现在，日夜不停，每分钟用去68美金；相当于从1066年诺曼底公爵征服英国一直到现在，日夜不停，每分钟用去68美金；相当于耶稣降生以来，日夜不停，每分钟用去34美金。换句话说，英国共用去340亿美金，但是耶稣降生到现在，才只有10亿分钟。"

看看哪一种说法给你的印象更深？答案不言而喻。

（3）适当重复，加强鲜明性

把一件事情重复叙述，有强调意味。

演讲时把握好节奏，适时制造高潮

林肯的葛底斯堡演讲，不到3分钟，听众5次鼓掌。陈毅元帅1962年在广州作关于知识分子问题的长篇演讲，听众欢笑达62次之多。演讲就应当这样，尽可能造成几次高潮。

若想演讲时成功制造高潮，首先要靠思想。演讲内容有思想，才能闪耀着真理的光辉，听众才能信服。但要想造成演讲的高潮还需要技巧。在演讲中运用铺垫蓄势、衬托对比、强调突出、设网解扣、当头棒喝、层递阶升等方法，都可以制造出高潮。造成高潮的语言应当具有义深、言奇、语简等特点。

想要形成演讲高潮，可以采用以下办法：

首先，从演讲的目的出发，选择最利于表现中心议题的结构形式安排正文内容和表达次序。这讲求一定的技巧，既要把演讲内容安排得紧凑严密，波澜起伏，又要使表述的层次清晰直白，错落有致，使全篇有变化和起伏，这样会让人感到演讲的精彩。

我们在演讲时，引人入胜的话题固然重要，但演讲的内容才是最重要的主体部分。要使演讲的内容吸引人，不妨设计几个醒目的问题，自问自答，这将会大大增强语言的魅力，产生戏剧化的效果。

其次，在演讲内容中制造几个小高潮，不妨在演讲进行到一半或结束之前，用巧妙的修辞、精辟的论述、强有力的逻辑推理、充满激情或幽默的语言、幅度大而得体的动作等，"抛出"最精彩、最感人的要点，制造演讲的高潮。这样，演讲往往能产生强烈的反响，给听众留下深刻的印象。

为了加强这种戏剧性效果，可以这样排列自己的演讲内容：好的在前，更好的其次，最精彩的内容排在最后。这样，所有的观点就会如金字塔一般呈现在听众面前，形成强烈的感染效果，直至引出最后的结论，使得演讲圆满成功。

演讲内容要通俗易懂

演讲的内容要求通俗易懂，表达要清晰、流利。演讲者在登台演讲时，要时刻提醒自己，话是说给听众听的，因此，所要讲的内容要雅俗共赏、通俗易懂。

演讲者要心系听众，要针对不同的对象选择合适的语言。如果听众文化水平较低，就可用通俗朴实的语言，尽量少用专业术语，更不可故作高深，否则听众会听不明白。如果听众是具有较高文化素养的人，语言就可文雅些。当然，演讲要能够做到雅俗共赏是最理想的，无论如何，为了吸引听众，方便和听众交流，并受其欢迎，演讲语言首要的还是通俗易懂。

不过，演讲的语言固然要通俗易懂，但并不能没有文采。演讲的语言一定要有文采，演讲才能生动形象。演讲者必须调动一切语言技巧，如逻辑技巧、修辞技巧，以增强语言的生动性和形象性。

1988 年 5 月，美苏两国领导人经过紧张磋商，在某些问题上减小了分歧，都表示要继续对话。戈尔巴乔夫担心美国言而无信，于是在讲话中用谚语提醒："言必信，行必果。"里根也送给戈尔巴乔夫一句谚语："三圣齐努力，森林就茂密。"

演讲时要用浅显易懂的语言表达深刻的道理，需要演讲者付出努力，经过认真的学习及多年实践锤炼，方能"易处见精"。

引起共鸣，为演讲"助兴"

即兴演讲的最大特点在于"助兴"。所谓"助兴"，就是指演讲者在环境、对象、内容的感召下，有一种强烈的表达欲望。这种欲望产生于演讲之前，贯穿于演讲的全过程，它首先体现在演讲者的诚挚态度上。诚挚的态度能够直接影响听众的情绪，关系到听众对讲话内容的接受程度。诚挚、热情、坦率的讲话能够吸引听众，能够缩短演讲者与听众之间的距离，使听众为演讲者的诚恳坦率所打动，大大增强演讲的效果。

抓住共同心理，引起听众共鸣

如果你想使听众对你讲的话表示赞同，首先要使听众相信你是他们的朋友，能站在他们的角度想问题，从而引起共鸣。

不管是工作还是生活中，难免要和与我们意见、想法不一致的人沟通交流，要想让别人认同我们的想法，按我们的主张办事，就必须设法打动他们。有的人不去考虑旁人的意见和想法，不去寻找他人与自己的共同心理，只管表达自己的见解或者试图以强硬的态度，以灌输的方式将自己的想法强加于人，这种做法往往事与愿违。

因此，演讲要想引人入胜，抓住听众的心，就要揣摩听者的心理，选用新颖、生动有趣、寓意深刻的话题。这样的话题不仅能吸引听众，同时还可以帮助演讲者委婉地表达自己的意见，让演讲者巧妙地将思想传达给听者，达到出奇制胜的目的。

间接"攻心"能服众

间接"攻心"也是获取演讲成功的一种方式。美国已故参议院议员安敦和哈佛大学校长罗威尔，在欧战结束后不久，一同到波士顿讨论国际联盟的问题，安敦感觉到大部分听众都对他的意见表示仇视，这怎么办呢？他是一位聪明的心理学家，于是机智地应用了间接"攻心"手段。我们来看看他的精彩演讲：

"校长、诸位朋友、诸位先生、我的同胞们，罗威尔校长给了我这次机会，使我能够在诸位面前说几句话，我十分荣幸。我们两人是多年老友，而且都是信奉共和党的人，罗威尔校长是我们极其推崇的荣誉校长，是美国最重要最具有权威和地位的人之一。他是一位优秀的研究政治的学者和史学专家。现在，我们对当前的重大问题，在方法上也许有所不同。然而，关于世界和平安全以及美国人民的幸福，我们的目的还是一样的。我想站在我本人的立场上简单地说几句。有人曾对我有所误解，认为我反对国际联盟组织。其实，我一点也不反对，我渴望着世界上一切自由的国家，因为，大家联合起来，就能各尽所能，争取世界永久和平，促成环球裁军的实现。"

任你曾对演说者的意见有过怎样激烈的反对，安敦用了这样一个开头来说，你听了总得心平气和些吧！即使反对他最强烈的人，也无法跟他有些相悖的意见。他称听众为"我的同胞们"。他坚持说他和一些人的不同点，只是方法上琐碎的小枝节，而对于美国人民的幸福以及世界和平等诸大问题，他和反对他的人的观点是完全一样的。他更进一步地讲，说他也赞成国际联盟的组织。

这就是安敦间接攻心的方法。

稳定情绪，以低姿态游说

"给我自由，否则，我死！"这句很多人都知道的名言是1775年美国政治家派屈克·亨利所发表的那篇著名演讲的结尾。人们可能不知道，亨利在进行这篇言辞激烈而且影响深远的演讲时，态度十分和缓而谨慎。当时人们大都争论着美洲殖民地是否应该脱离英国并对之宣战的问题。亨利在开始演讲时，却先称誉反对他的人的能力和爱国心。演讲到了第二段，他又用问话的方式，让听众和他一同思考，并且再让听众去下结论。他演讲的前两段是：

"总统先生，刚才讲话的几位先生，你们那种爱国的热忱和卓越的能力，给人们留下了深刻的印象。不过，一件事叫意见不同的人看起来，情形往往不同。所以，我所发表的意见，如果和你们发表的意见恰巧相反，希望不要认为我是对你们不尊敬，这样我才敢自由而毫不隐讳地讲下去。现在我们并不是讨论形式的时候，我们所讨论的问题，关系到我们国家的生死存亡，关系到我们民族的长远发展。由于这个问题十分严重，我们应有发表意见的绝对自由。我们唯有如此，才有发现真理的希望，才能对上帝和国家尽到责任。如果在这时候怕激怒他人而不敢把自己的意见表述出来，我认为这是犯了叛国的重罪，并且还不忠于上帝。

"总统先生，一个人喜欢向好的地方幻想，这是一件极自然的现象。他们情愿在海神的歌声中，由她把他们变成兽类而灭亡，却不愿看见一个悲哀的事实。但一个聪明机智而准备为自由挣扎的人，也应该这样做吗？我们难道也愿意做一个有目不能看、有耳不能听的人吗？不，我自己就绝对不是这种人，我不管精神上受了怎样的痛苦，非把整个真理认识清楚，非早些准备起来不可。"

亨利的演讲低沉而坚定，即使多少年后，我们看到这篇演讲也能想象出亨利当时的风采。

和颜悦色，以理服众

莎士比亚的名剧《恺撒》中间有一段是马克·安东尼在葬恺撒时的演讲词，这是以理服人的一个典型例子。当时，恺撒是罗马的独裁者，所以难脱政敌的妒忌，政敌想把他推倒而夺他的大权。于是，在布鲁塔斯和贾苏斯的领导之下，有23人联合起来把恺撒刺死了。马克·安东尼曾做过恺撒的国务大臣，而且他是一位名作家兼名演说家，他在国家的政权方面，完全可以代表政府，所以恺撒对其十分倚重。在恺撒被刺后，暴徒对安东尼怎样了呢？也把他杀了？不，他们以为流血已够，再牺牲安东尼也没有什么意思，倒不如把他拉到自己的阵线上来，借他的势力和口才来加强自己的实力。这主张似乎很有道理，于是他们就照此主张去试办。他们找到了安东尼。为了得到他的帮助，所以允许他对恺撒的尸体说几句话。

古罗马市场的演讲台前躺着恺撒的尸体，疯狂的群众都对布鲁塔斯和贾苏斯以及杀人犯表示同情，对那踏上讲台的安东尼反而怒气冲天。安东尼的目的，是想让崇敬布鲁塔斯和贾苏斯的人们改变立场，并且要煽动平民暴动，杀掉那些凶手。他举起了双手，全场喧哗声停止了，于是，他开始演讲。

安东尼不与群众争辩，他慢慢地认真地把恺撒的事迹讲了出来，他说恺撒怎样用战俘赎身的钱来充实国库，穷人号啕大哭时，恺撒也流泪。恺撒怎样拒戴王冕，恺撒怎样立遗嘱，把私产作为公有财产。安东尼说出了事实，让群众自己去下结论。他所提出的不是新证据，乃是群众偶尔忘掉的他们本来就知道的事实。

安东尼用巧妙的演讲，激起了群众的情绪，引起了群众的怜悯，燃烧起群众的愤怒。安东尼机智的语言使听众在不知不觉中接受了他的论点，最终为恺撒正名。

幽默谈吐有奇效

如果我们的某一次演讲，语言上难以做到妙语连珠，内容上也不够新颖，那么可以在表达方式上下功夫，一样会使演讲具有吸引力，就像"新瓶装旧酒"，使人精神一振，从而获得演讲成功。

在演讲时，不仅一般的演讲需要幽默内容，即使在政治演讲中也可广泛地应用幽默。据说最早在政治场合应用幽默的是美国前总统林肯，他的枕边经常放着一本《哈罗笑话集》，他能熟练地把这些笑话恰如其分地应用到各种场合。美国人称林肯是历史上"最伟大的总统"，这不仅因为他统一了美国的南方和北方，还因为他掌握了作为一个总统怎样和人民友好相处的艺术与高超的说话技巧。

直接把幽默应用于政治场合的，还有英国前首相丘吉尔。第二次世界大战中，英国一位记者采访丘吉尔，问他英国这次会不会犯上次大战中的错误。丘吉尔严肃地说："类似的错误我们不会再犯，但我们可能会犯其他的错误。"

演讲者根据听众的心理，用幽默的语言，在演讲中提出问题，然后解答问题，使听众的思路和注意力自始至终跟着演讲者的思路走。美国著名电影新闻报道家路威尔曾用过这样的开头：

"某天，我走到耶路撒冷基督街上，遇见一个人。他身上穿着东方皇帝所穿的华服，腰间挂着一柄穆罕默德子孙常佩的金质弯刀。但这人外貌一点儿也不像阿拉伯人：因为他的眼睛是蓝色的，阿拉伯人的眼睛却是黑色或棕色的……"

不用说，这一段话立刻引起了听众的好奇心，人们张大了嘴巴，急欲一听下文。此时，听众心里一定会想："这人究竟是谁？为什么他要打扮得像阿拉伯人，他做过什么事？后来怎样了？"

但是也有反其道而行的，即先说一件事的结果，使听众急于想知道这件事的经过，这种倒叙的手法也是引起听众好奇心的好方法。比如说：

"最近某地张贴一张布告说，不论哪一所学校的两里地之内，所有的蝌蚪都禁止变成青蛙，以免扰乱学生的学习……"

听众听见这样的开场白，一定会觉得奇怪，心想："演讲者是不是在开玩笑？天下真有这种离奇的事情？"于是演讲者就在听众紧张怀疑时，接着往下解释了。

每一个准备当众说话或即席发言的人，都应该学会用幽默抓住听众兴趣的技巧！

以问句引起听众兴趣

演讲者除了给听众设悬念，还可以先提出一个问题，请听众与自己一同思考。

请看这样一个例子："大轮船果真不能驶进钱塘江吗？为什么不能驶进钱塘江呢？钱塘江难道不能航行吗？"

开头三句就是三个问题，这种使用问话的方法，其实是一把开启听众心灵的钥匙，可以使演讲者接着叙说钱塘江试航的经过，一字一句全进了听众的心里。

用实物来发问，增强演讲的吸引力，也可以说是一种引起听众兴趣的方式。

在一次文物展览中，负责宣传文物保护法规和知识的人员，手中拿着一枚古钱币，高举过头，过往行人自然都向他投来探寻的目光。然后，他开始宣传："在场的各位，有没有人在街上或野外捡到过这样的钱币？"

接着，他才讲述这枚钱币的珍贵和收藏的经过，希望大家都重视保护文物。

拿一些实物给听众看，这是引起听众注意力简单而有效的方法。这种实体的刺激有时在知识程度较高的听众面前，也会产生很好的效果。

另外，在演讲时，讲一些与听众切身相关的内容，将自己置于与听众促膝谈心、为听众着想的立场，这样不但能引人入胜，还能轻松消除自己与听众的心理距离。

一位医生要向听众说明健康检查的重要性，他是这样说的：

"诸位，你们知道按照人寿保险的表格，你自己还能活多少岁吗？寿险统计学家说，你的寿命，就是你现在的年龄和 80 岁之差的三分之二。比如你现在是 35 岁，那么，你现在的年龄和 80 岁之差是 45，那你的寿命，就是 45 的三分之二了，就是你还能活 30 年。这样够吗？不，不，我们谁都想多活几年。然而，这种表格，是根据千百万人精确统计而成的。那么，我们难道不能逃过这个结果吗？不，但你可以小心谨慎保养身体。"

引发听众"情感共鸣"

不管什么事只有"通情"，才能使理由充分通达，演讲也不例外。我们在演讲中只有触动人们的思想情感，才能达到宣传育人的目的。

演讲若想达到宣传育人的目的，就必须触动人们的思想和情感。所谓"通情达理"，也就是说我们与听众情感相通才能引起情感的共鸣。对于演讲者来说，就是怀着强烈的、带有爆发性的情感，有话要说，不吐不快，才能引发人们的共鸣。

伽利略年轻时就立下雄心壮志，要在科学研究方面有所成就，他希望得到父亲的支持和帮助。一天，他对父亲说："父亲，我想问您一件事，是什么促成了您同母亲的婚事？"

父亲给了伽利略答案。伽利略利用父亲当年的处境说："我现在也面临着同样的处境。除了科学以外，我不可能选择别的职业，因为我喜爱科学，我对它的爱犹如对一位美貌女子的倾慕。"父亲始终没有说话，仔细听着。

伽利略继续说："亲爱的父亲，为什么您不能帮助我达成自己的愿望呢？我一定会成为一位杰出的学者，获得教授身份。我能够以此为生，而且比别人生活得更好。"

父亲为难地说："可我没有钱供你上学，我的孩子。"

"父亲，您听我说，很多穷学生都可以领取奖学金，这钱是公爵宫廷给的。我为什么不能去领一份奖学金呢？您在佛罗伦萨有那么多朋友，您和他们的交情都不错，他们一定会尽力帮助您的，也许您能到宫廷去把事办妥。他们只须问一问公爵的老师奥斯蒂罗·利希就行了，他了解我，知道我的能力……"

父亲被说动了："嗯，你说得有理，这是个好主意。"

伽利略最终说动了父亲，后来他实现了自己的理想，成为一位世界闻名的科学家。他就是在劝说父亲时采用了心理共鸣的方式，使父子俩产生了"情感共鸣"，因此他的说服也水到渠成地成功了。

这种说服方式常用于熟悉的人或有对立情绪的对象。一般分为四个阶段：导入阶段，即心理接触的初级阶段；转接阶段，即心理接触的中级阶段；正题阶段，即心理接触的高级阶段；最后是结束阶段。

真心"煽情"表情意

人与人之间很难一开始就产生共鸣，只有经过一番深刻的交谈，才能让彼此加深了解。在演讲中，必须懂得"煽情"的运用。在"煽情"的作用下，演讲的内容能取得深入人心的效果。"煽情"用得好，可以达到群情振奋的效果。

能有"煽情"效果的演讲有两种：

1. "使人激"的演讲

这种演讲要使听众激动起来，在思想感情上与演讲者产生共鸣，从而欢呼、雀跃。如美国黑人运动领袖马丁·路德·金在林肯纪念堂前的演讲，用他的几个"梦想"激励广大黑人听众自尊、自强，激励他们为"生而平等"奋斗。

2. "使人动"的演讲

这种方式可使听众产生一种欲与演讲者一起行动的想法。法国前总统戴高乐在"二战"期间英国伦敦作的演讲《告法国人民书》，号召法国人民行动起来，投身反法西斯的斗争中。它的特点是鼓动性强，多以号召、呼吁式的语言结尾。

那么，在演讲中究竟该如何"煽情"呢？最常用的是"语音传情"与"语意传情"两种方法。

演讲者在演讲中的言辞和声音一定要能传情达意。

演讲中的情感抒发十分重要，感情大多是受理智支配的，因此，演讲时要时刻牢记演讲的主题，时刻把握感情的"阀门"，把握好一个度。有的演讲者不懂得控制自己的感情，说到伤心处就泣不成声，说到愤慨时就词不达意，说到高兴时笑得前仰后仰，手舞足蹈。结果听众看到了他在台上喜怒无常，却听不清、弄不懂他在说什么。这样，又怎么能与听众产生感情上的共鸣呢？

心理学家卡洛·塔维斯说："演讲不仅应该认识到坦白的必要，而且要知道什么时候应该坦白，坦白到什么程度。"苏联领导人赫鲁晓夫曾在联合国大会上作过一次演讲，感情充沛，内容丰富，本来收到了很好的效果。可是，他在激动之下忘乎所以，竟脱下一只鞋拿在手里，在讲台上使劲拍打，一时全场哗然。

真情流露不等于毫无节制。赫鲁晓夫的例子留给人们深刻的教训。所以说，说话时必须善于控制感情。真情流露并不等于放肆，坦诚也必须有度。如果不加节制，感情表现得太过了，听众就会"不知所云"了。

演讲时需要尽情倾诉时，可开大"阀门"，让感情如潮水般一泻而出。但高潮过后，则要立即调节，绝对不可以放纵情感，信马由缰。

学会与听众交流

演讲是一种双向交流，演讲者要学会与听众交流，随时收集听众的反馈信息，并根据这些反馈信息及时调整自己演讲的内容，只有如此，你的演讲才会是适时的、得体的，也才会取得成功。许多演讲者一开始就栽进了死记硬背的陷阱，那就有可能毁掉演讲。

卡腾·波恩先生是美国资深的新闻评论家，在哈佛大学求学时，曾参加过一次演讲竞赛。他选了一则短篇故事，题为《先生们，国王》。他把这篇故事逐字背诵，并预讲了许多次。但在比赛那天，他说出了主题之后，脑子里便一片空白，什么也说不出来了。他顿时不知所措，绝望之中，他只得用自己的话叙述故事。当评审把第一名的奖章颁给他的时候，他惊讶万分。从那天起，卡腾·波恩先生便不曾背诵过一篇演讲稿，通常他只做些笔记，然后很自然地对听众演讲，绝不用演讲稿，后来这成为他广播事业成功的秘诀。

美国前总统林肯曾说过："我不喜欢听刀削式的、枯燥无味的演讲。当我听人演讲时，我喜欢看他表现得像在跟蜜蜂搏斗。"这就是自在、随意而又激昂起伏的演讲。

趋利避害，巧妙应对听众的"恶意反应"

有些演讲者会被听众的"恶意反应"所左右，在不知所措的情况下，左右为难，结果演讲无法达成目的，灰头土脸地走下讲台。其实，演讲者即使听到反对自己的声音，但如果暂时不去理它，慢慢地，听众的"善意反应"会将"恶意反应"压制下去，从而改善会场的气氛。

某次商务演讲，李某与王某要角逐优胜者宝座。李某自知不如王某，于是暗中破坏王某的麦克风，并唆使数名无业人员混入听众群中，制造混乱场面。轮到王某上台时，下面一阵骚动喧哗，因麦克风无法使用，台下又一片鼓噪，王某一时慌乱不已。

但不久王某就恢复了镇静，很快会场上又传来了他美妙清晰的声音。原来王某以实力证明自己无须用麦克风也能让声音传到大家耳中。他被大多数听众佩服，人们纷纷将骚动者赶出场外，结果王某获得了优胜奖。

听众的"恶意反应"会使会场乱七八糟。面对这种情况，演讲者可以有以下几种方法应对：

1. 从容不迫

有一位颇受非议、绯闻缠身的商界人士应邀到某大学演讲，有几位态度恶劣的年轻人在后面喊着："出去，你来干吗？"他们的态度很差。但是，商人却大声回答："因为你们年轻，你们也使我想起了我的年轻时代。"商人大方镇定地回答对方，使年轻人无言以对而安静下来。

2. "以牙还牙"

"如果觉得我说得不好，有谁可以上来讲讲看？"演讲者遇到听众恶意捣乱时，如果这样说，心怀恶意的听众便可能不敢再吭声。在这种强有力的信心攻势下，那些心怀恶意的听众便会知难而退。但是这种方法最好不要随便使用，除非你对自己的演讲水平有足够大的信心。

3. 坚定信念

演讲者都要有坚定的信念，不能为恶意的嘘声所动摇，同时要准确判断当时的情况，根据对象的反应和内容而采取适当的处理方法。

演讲者不妨模拟各种突发状况，然后设想各种应对之法。实际演练虽费工夫，却能避免一些尴尬的窘境。

巧妙应对听众冷场

有些演讲者费尽心力演讲了半天，听众却丝毫没有反应，面对这种情况应如何应对？

面对听众不满的反应，演讲者有时会很尴尬，感觉自己下不了台。还有演讲者卖力地讲了半天，台下毫无反应，听众只是怔怔地看着，或者打瞌睡，那么，此时该如何"炒"热场面，不致使冷场僵持下去呢？

这种冷场的情形可能是由于演讲者照本宣科地念演讲稿，声调缺乏抑扬顿挫的变化，令人昏昏入睡；也可能因为讲的人、听的人都很疲劳。如何从头到尾吸引听众注意，调动他们的情绪很重要。

冷场时，演讲者不要慌张，尽量平静下来，或穿插问一些问题，谈一些名人趣事，将冷场"炒热"。

诚然，要使听众专心听讲并非易事，但若能保持演讲现场火热的气氛，那么就不难吸引住听众了。

用好身体语言，事半功倍效果好

即席演讲既要有动人的语言，又要配合得体的身体语言，方可取得演讲成功。演讲时演讲者要情绪饱满，充满自信，动作稳重自然，目光扫视全场，不可一直低着头。开场起调不要太高，说话速度放缓，情绪要稳定，脸部表情也要放松，离场时步伐平稳，避免让人感觉得意扬扬或神情疲惫。要注意多用身体语言：表情要自然，面带微笑，不要紧张得面无表情；眼睛要直视听众，与听众眼神交流时可适当地加入一些姿势，以强调演讲内容，但不要过分夸张。

什么是身体语言

我们习惯上把演讲中的语言分为口头语言和身体语言两种。仪表、气势、表情、手势等一些非口头语言因素被统称为身体语言。毋庸讳言，得体、自然的身体语言是演讲成功不可或缺的组成部分。很多演讲家都十分重视身体语言的作用，陶行知先生说："演讲如能使聋子看得懂，则演讲之技精矣！"

演讲作为人类重要的交际活动，首先是一种口语行为，它不同于电影、电视、戏剧等表演艺术，但也需要借助身体语言来使演讲更为圆满。身体语言包括人的表情、动作、姿势等，这些无声的语言不仅能传递信息，而且会影响到演讲的效果。

身体语言一般具有三种功能：在激发听众感情并欲造成渲染效果时，对重要的问题、词句进行加重或强调处理时，在做肯定或否定判定时，发挥强化功能；当言不达意或不宜明言时，身体语言可发挥注释功能；辅助演讲，使得演讲更为生动，优化演讲效果。

一些演讲者为了追求轰动性的效果，有时刻意追求并过分夸大身体语言，把演讲的"演"理解为演戏，他们或者借鉴一些喜剧明星的表演技巧，或者按演讲前精心设计的表情、排练的动作上台表演，或者简单学习一些演讲名家的习惯性动作，如伟人的挥手动作等，这些片面的做法往往给人东施效颦、矫揉造作的感觉，使演讲的形式与内容貌合神离。

一个人如果过分使用身体语言，无疑是哗众取宠、舍本求末，使演讲失去本来的意义，只有把丰富深刻的演讲内容、准确熟练的口语表达能力与和谐、自然的身体语言结合起来，才能演讲得成功。

曾有一位商界高手到一群推销员中演讲。每次时间一到，他登上讲台，听众就在台下闹哄哄地议论。这位商界高手一言不发地高举右掌，摆出一个姿势。听众目睹此举，无不怀疑演讲者耍花样。于是，大家立刻安静下来，人们把视线集中在他的掌心上。

这时候，他才开始说话："各位，我这只手曾送出过无数的保单，接到过丰厚的红利……所谓推销这种玩意儿……"接着，他的演讲使听众渐渐感兴趣了。

每个演讲者从出场的那一刻一直到开口说话，其实一直在向听众传达着信息，只是并不是用嘴。有些演讲者，开口之前，他的神情、全身动作都在表达某种意思，这会使听众对他产生敬意或是反感，所以在开口之前的这段时间要特别注意自己的身体语言。

在开口之前，演讲者必须用身体语言向听众传达敬意与好感，暗示出所要说的话的重要性。演讲的时候，动作不能太夸张，要自然得体，这样会对演讲有极大的帮助。

不同的身体语言能表达不同的情绪，能弥补有声语言的不足。身体语言通过有形可视的、具有丰富表现力的各种动作和表情，协助有声语言将演讲内容形象地表达出来，使视、听的效果合二为一，能给听者完整、具体的印象，辅助有声语言更好地传情达意。

正确运用身体语言

如果你想给对方留下良好的第一印象，那么就应该重视身体语言。首先要有得体的站姿，站直立稳，千万不要前后摇摆，不停地改变两腿的重心，否则会显得你心神不定、不自然。除了站姿，演讲者在讲话过程中要目视听众，眼神既不能显得呆滞，又不能装作故弄玄虚、高深莫测的样子。人的眼睛会"说话"，如果目光左躲右闪，会给人一种鬼鬼祟祟的感觉，使人反感。所以，演讲者的眼神和思想情感要一致，如此才能让听众感觉舒服。

另外，演讲者要注意面部表情的变化。面部表情是演讲者最直接的表达方式。比如，讲到高兴时，就喜笑颜开；讲到愤怒时，就直眉怒目；讲到愁闷时，就皱额锁眉……这种多变的表情信息，对听者会造成一定的影响，从而影响演讲的最终效果。

1. 微笑是最有效的身体语言

演讲中有一个最简单但却很有效的技巧就是微笑。微笑是一种极具感染力的"交际语言"，不但能很快缩短人和人的距离，并且还能传情达意。当然，微笑看似简单，要笑得恰到好处也不容易。

微笑时最重要的是嘴型。因为根据嘴型如何动，嘴角的朝向不同，微笑给人的感觉也不同。面部肌肉跟身体其他肌肉一样，使用得越多，越可以自然地运动。与人交谈，欢悦的表情是人人都乐意接受的，如果我们希望别人用一副欢悦的神情来对待自己，那么我们必须要先用这样的神情去对待别人。

所以演讲者口才不仅要好，演讲时更应面带微笑，用微笑来调动听众的情绪，拉近与听众的距离，把良好的形象留在听众心中。面对听众提问时送上一丝微笑，对其表示无声的赞美与鼓励，在表达肯定或否定含义，微笑时可配合着点头或摇头。

演讲者需要发自内心微笑才能笑得自然，笑得亲切。切记不能为笑而笑，没笑装笑。人对笑容的辨别力非常强，一个笑容代表什么意思，是否真诚，人的直觉一般都能敏锐判断出来。所以，微笑时一定要真诚，真诚的微笑会让对方内心产生温暖，引起对方的共鸣，使之陶醉在欢乐之中，加深双方的友情。

2. 眼神交流增强与听众的信息反馈

眼神交流，也是演讲很重要的一种技巧。演讲者通过与听众进行眼神交流可以得到观众对演讲效果的反馈，还能让听众保持兴趣，利于演讲取得成功。

演讲者在讲话之前最好先看一下听众，让眼神交流无声地传送信息："我对你们很感兴趣，请听我说，我有一些东西想和你们分享。"演讲时，尽量与所有的听众都建立眼神交流，而不仅仅是盯着前排或一两个听众。

3. 手势为你的演讲增色

恰到好处的手势在演讲中也是不可或缺的。手势的表现有助于思想和情感的表达，它既可表情达意，又可摹形状物，是演讲中必不可少的肢体动作。手势表达一定要做到准确、自然、优雅，切忌过多的手势和毫无意义的手势，否则，它除了分散听者的注意力以外，还会使听者费解，削弱演讲的效果。手势表达的内容非常丰富，一般来说可分为情绪手势、象形手势、指示手势以及象征手势四种。

手势要随讲话内容、个人情感和现场气氛自然流露。手势的幅度、方向、力度应与演讲内容、面部表情、身体姿态密切配合，协调一致，不可生搬硬套，勉强做手势。在运用手势的过程中，切忌一成不变只做一种手势，避免单调呆板。

演讲手势不能滥用

演讲中使用手势时要与你的演讲内容相协调。柔和自然的手势会增强演讲效果，但滥用手势可能会招致听众的反感。演讲中最让人头痛的就是不自然的手势。

手势不应该太引人注目，听众关注的并不是手势是否美观或合适，而是演讲内容。做手势的目的是向听众传递演讲内容，不是使其得到比内容更多的关注。

手势应当适时地与演讲的内容相配合，比如，当演讲者说有"三点"时，列举的手势动作应当在说到"三"的时候同时做出。如果你说完三点后又停顿了一两秒才竖起三根手指，那就糟糕了。

另外，还要使手势适合于听众和当时的环境。在许多正式的演讲场合，特别是面向很多听众演讲时，大胆、大幅度、具有戏剧性的手势比较合适，而非正式情境下小范围内的听众则适合较为自然的手势。

常用的手势语

演讲中通常使用右手比左手的频率高，手指不要太直，因为面对听众时手指太直，显得针对性太强。常用的手势语有：

拇指式：竖起大拇指，其余四指弯曲，表示强大、肯定、赞美等意。

小指式：竖起小指，其余四指弯曲，合拢表示精细、微不足道或藐视对方，这一手势在演讲中使用得不多。

食指式：食指伸出，其余四指弯曲并拢，这一手势在演讲中被大量采用，用来指人物、事物、方向，或者表示观点。使用这一手势时胳膊向上伸直，食指指向空中则表示强调，也可以表示数字"个""十""百""千""万"……食指弯曲或成钩形表示与九相关的数字，齐肩画线表示直线，在空中画弧线表示弧形。

食指中指并用式：食指、中指分开伸直，其余三指弯曲，这一手势在一些欧美国家与非洲国家表示省略，由前英国首相丘吉尔在演讲中大量推广。

中指、无名指、小指三指并用式：这种手势表示3、30、300……

食指、中指、无名指、小指四指并用式：这种手势表示4、40、400……

五指并用式：如果是五指平伸且分开，表示5、50、500……如果指尖向上并拢，掌心向外推出，有向前、希望等意思，显示出坚定的力量，又叫手推式。

拇指、小指并用式：拇指与小指同时伸出，其余三指并拢弯曲，表示6、60、600……

拇指、食指并用式：拇指、食指分开伸出，其余三指弯曲表示8、80、800……如果并拢有肯定、赞赏之意，如果二者弯曲靠拢但未接触，则表示"微小""精细"之意。

拇指、食指、中指并用式：三指相捏向前表示数字7、70、700……也表示"这""这些"。

O形手势：这种手势又叫圆形手势，曾风行欧美，表示"好""行"的意思，也表示"零"。

仰手式：掌心向上，拇指自然张开，其余弯曲，这一手势表示的意思很多，手部抬高表示"赞美""欢欣""希望"；平放是"乞求""请施舍"；手部放低表示无可奈何，很坦诚。

俯手式：掌心向下，其余状态同仰手式。这是审慎的提醒手势，演讲者有必要抑制听众的情绪，进而达到控场的目的，同时表示反对、否定，有时表示安慰、许可，有时又用以指示方向。

手切式（手剪式的一种变式）：五指并拢，手掌挺直，像一把斧子用力切下，表示果断、坚决、排除之意。

手啄式：五指并拢相夹相触，指尖向上，就像一个收紧了开口的钱包，用于强调主题和重点，也有探讨之意。

手剪式：五指并拢，手掌挺直，掌心向下，左右两手同时运用，随着有声语言左右分开，表示强烈拒绝。

手抓式：五指稍弯，分开、开口向上。这种手势主要用来吸引听众，控制演讲气氛。

手压式：手臂自然伸直，掌心向下，手掌一下一下向下压去。当听众情绪激动时，可用这种手势平息。

抚身式：这种手势把手放在胸前，往往成为一些演讲者的习惯手势，一般是五指自然并拢，抚摸自己身体的某一部分。双手抚胸表示沉思、谦逊、反躬自问；以手抚头表示懊恼、回忆等。

挥手式：手举过头挥动，表示兴奋、致意；双手同时挥动表示热情致意。

掌分式：双手自然撑掌，用力分开。掌心向上有"开展""行动起来"等意；掌心向下表示"排除""取缔"；平行伸开有"面积""平面"之意。

拳举式：单手或双手握拳，平举胸前，表示示威、报复；高举过肩或挥动或直捶或斜击，表示愤怒、呐喊等。这种手势有较大的排他性，演讲中不宜多用。

拳击式：双手握拳在胸前做撞击动作，通常表示示威。

拍肩式：用手指拍肩击膀，表示担负工作、责任和使命。

拍头式：用手掌拍头，表示猛醒、醒悟、顿足，表示愤恨、哀戚、伤悲。

搓手式：双手摩擦，表示做好准备，期待取胜；如果速度慢表示猜疑；在冬天则表示取暖；拇指与食指或其他指尖摩擦，通常是暗示对金钱的希望。

颤手式：单手或双手颤动，必须与其他手势配合才有一个明确的含义。

总的来说，使用手势要记住一条重要的原则：你的手势应为你的演讲内容而做，使用那些最有效的适合你的手势，不要试图哗众取宠。你的手势应与你的演讲风格相配，有时不做任何手势，只是轻松地将手放在两边，要比笨拙、滥用手势或是简单模仿别人的手势好得多。

使用身体语言的注意事项

身体语言的使用在练就好口才的过程中必不可少，但也有一些要注意的地方。一些演讲者为了追求轰动性的演讲效果，很容易过分夸大身体语言的作用，把"演讲"的"演"理解为演戏，脱离具体的演讲内容，或者借鉴一些喜剧明星的表演技巧，如：模仿口技演员学鸟鸣马嘶，模仿小品演员学老年人说话、走路等；按事前精心设计的表情、排练的动作上台表演；简单学习一些演讲名家的说话习惯。这些片面的做法往往给人东施效颦、矫揉造作的感觉。

即席演讲的形式不应与内容貌合神离。一个人如果过分夸大身体语言的作用，渲染身体语言的魅力，就有点哗众取宠、舍本求末，使演讲失去本来的意义。只有把丰富深刻的内容、准确熟练的口语表达能力与和谐、自然的身体语言有机地结合起来，才是使得演讲最后成功的必由之路。

庆典仪式即席发言技巧

庆典仪式上发言的一般性原则

不管哪种庆典仪式，都是气氛热烈、充满喜悦，要表达人们的祝福和欢娱之情的。在庆典仪式上的发言首先要重视礼仪习惯，其次因地制宜。

在不同的庆典仪式上要因人、因景、因地，有针对性地表达祝愿，抒发不同的感情。

一般有以下几种讲话方式可以套用，但具体内容要因地制宜才能既表达真情实感，又打动在场的听众。

庆典仪式一般为感谢 + 回顾 + 愿景的模式。

1. 感谢。首先要保持一定的礼节性，开始常常用感谢的话来这样开头：

感谢主持人给我这次发言的机会……

感谢主人的盛情邀请和款待……

感谢各位亲朋好友的光临……

感谢各位嘉宾在百忙之中能够来赴宴……

感谢评委、各位朋友……

2. 回顾。简单回顾一下以往的事例，比如：

回顾我和某某的交往……

回顾新郎新娘相识的那段时间……

回顾公司去年的发展……

回顾我们筹建公司当初的艰难……

回顾我们大家相识的经过……

回顾我创业以来……

回顾去年……

3. 愿景，表示畅想、祝贺、决心、祝愿等，如：

最后，祝愿大家……

最后，我代表……向大家表示最美好的祝愿……

我向大家保证，在以后工作中，我一定……

祝愿新郎新娘白头偕老，幸福万年！……

祝××越办越好，越来越红火！……

祝愿××福如东海水长流，寿比南山终不老！……

祝愿在座各位……

如果从时间方面来看这个公式，"感谢"代表的是现在，"回顾"代表的是过去，而"愿景"则代表了未来。

企业开业、周年庆典致辞

庆典仪式包括节日庆典、开工或竣工庆典、发奖或授勋仪式、开幕式、签字仪式等，在这些活动中，发言者起着关键性的作用。由于庆典仪式的发言不仅要有宣传性、鼓动性，还要有趣味性，使听众产生兴趣，获得知识，因而发言者必须具有良好的口语表达能力。

开业庆典主要起到告知的作用，就是告诉大家一个新的经济实体成立了。所以，开业庆典致辞以短小为主，但在有限的篇幅中，要包含如下内容：

1. 宣告成立：多在开场白中以直奔主题的方式提出。

2. 表示感谢：感谢社会各界和有关人员为开业所做出的努力。

3. 介绍企业：一方面彰显企业的实力，另一方面也使大家对企业有一个整体的认识。

4. 抒情议论：表达对企业的未来充满信心、诚信经营、优质服务等内容。以表希望、表决心、许承诺为主；

5. 祝福祝愿贺词：祝福生意兴隆、财源广进、身体健康等。

开业（成立）庆典是企业形象宣传的第一步，是企业经营理念、经济实力和社会地位的集中展示。而企业家致辞则是整个开业庆典中的亮点之一。按照惯例，在剪彩之后，要有地位高者致辞和嘉宾致辞。在这种活动中，致辞又可以分为两小类：一类是自己的企业开业发表致辞；另一类是他人的企业开业，作为嘉宾去参加活动并讲话，这样的发言就叫贺词。

婚礼致辞

婚礼庆典仪式开始的时候，主宾之间一般都要当众致辞，以表达对庆典仪式的庆祝。结婚乃人生中的一件大喜事，妙语生花的致辞能使婚礼分外红火、热闹，不仅能表达对新人的祝愿，也能活跃婚礼气氛。婚礼上成功的致辞对于增进友谊、发展爱情具有不可忽视的作用。

例如，证婚人答谢词：

各位领导、各位来宾、各位朋友、女士们、先生们，今天，我受幸福的新郎新娘委托，担任××先生与××女士婚礼的证婚人，能为这对珠联璧合、佳偶天成的新人证婚，我感到分外荣幸。

在茫茫的人海中，××先生找到了生命中最美丽的"仙女"××女士，××女士等到了梦想中最英俊的"王子"××先生。他们的结合是天定的良缘。他们由相识、相知，进而相爱、相许，一路走来，感情不断升温。从今以后，相信他们将永远一心一意、忠贞不渝地爱护对方，在人生的旅程中永远心心相印、白头偕老。

在此，我们还有三点希望：希望××先生在××女士的正确"领导"下，认真实行给爱妻民主、对自己专政，坚持反对大男子主义；坚持一切收入全部上缴；坚持下班后立即回家；坚持与妻子以外的其他女性保持谁都看不见谁的距离。希望××先生帮助××女士认真抓好家庭"经济建设"这个中心，既要加强对家庭各项工作的督查，又要注意听取××女士的意见和呼声，维护家庭繁荣稳定。希望你们二人牢固树立科学的家庭发展观，在共同创造美好生活的同时，加紧创造祖国的下一代，实现幸福小家的全面可持续发展。最后，让我们一起祝愿他们俩钟爱一生、同心永结、幸福美满。

例如，新郎新娘答谢词：

尊敬的各位领导、各位来宾、亲朋好友，大家中午好！首先感谢大家在百忙之中来参加我们的婚礼。此时此刻我们的心里是幸福甜蜜的。

感谢六年来各位领导、前辈、朋友的关心和帮助，感谢二十八年来，父母的养育之恩，各位亲朋在我成长时给予的关爱，感谢兄弟姐妹和各位朋友一起分享成长的快乐。今天还要特别感谢我的岳父、岳母和各位高亲，是你们培养了我美丽、善良、温柔、体贴的妻子。

我和××相识快三年，三年来我们从相识到相知、相爱，我们一起度过了很多美好的时光。以后我会好好爱护她，与她白头偕老，一起去实现执子之手、与子偕老的誓言。我也希望在以后的生活中，我们能同心同德、共同分担人生的风雨，共享美好的时光。今天我们组建了一个幸福的小家庭，也希望在座的各位给予一如既往的关爱。最后我代表我们全家对在座各位的光临表示感谢，招待不周之处，敬请海涵。

祝各位财源广进，生活愉快！

例如，新郎新娘父母答谢词：

各位来宾、各位领导、各位亲朋好友，大家中午好！感谢大家抛开了手中繁忙的事务，来参加我们孩子的婚礼。今天的宴会大厅因为你们的光临而蓬荜生辉，我和妻子，还有我们的孩子，因为你们的如约而至，激动不已，衷心地感谢你们！

成家立业是人生旅途中的重要里程。如果说以前是父母拉着你们的手，完成了人生的起步，今后将是你们一起牵手，把人生走得更加美好！父母祝福你们！祝愿你们从今以后更加互敬互爱，互让互勉，家庭美满、事业有成，前途无限锦绣。

最后，我们全家再次感谢各位来宾、亲朋好友，感谢你们送来了温暖，送来了友情，送来了吉祥，送来了最美好的祝福。

我代表我们全家向各位亲朋好友表示衷心的感谢！感谢你们在百忙之中来参加我儿子的新婚庆典，再一次地感谢你们，谢谢！

悼　词

悼词是对死者表示哀悼的文章，属于日常应用文中演说词一类。与一般演说词不同，悼词出现在某一逝者的葬礼上，听众是参加葬礼的人，包括死者的亲朋好友和其他相关的人。致悼词者在肃穆的场合向听众评说逝者的一生经历、个性特点、主要成就等，并阐述逝者的社会地位和价值，以寄托哀思，并用逝者的事迹与精神激励参加葬礼的人。

悼词是对逝者盖棺定论的评价，往往多溢美之词，也表达了浓烈的感情，如果能蕴涵丰富的哲理就更好了。由于悼词对逝者饱含感情，因此更需以情动人，应该做到议论、记叙和抒情的完美结合。同时，悼词可以使人们加深对逝者的了解，懂得生命的价值意义，从而指引人生道路。

例如，雨果在巴尔扎克葬礼上的经典悼词：

各位先生，现在被葬入坟墓的这个人，举国哀悼他。从今以后，众目仰望的将不是统治者，而是思想家。一位思想家不存在了，举国为之震惊。今天，人民哀悼一位天才之死，国家哀悼一位天才之死。

诸位先生，"巴尔扎克"这个名字将长留于我们这一时代，也将流转于后世。巴尔扎克先生属于19世纪拿破仑之后的强有力的作家之列。正如17世纪，一群显赫的作家涌现在黎塞留之后一样——就像文明发展中，出现了一种规律，促使武力统治者之后，出现精神统治者一样。在伟大的人物中，巴尔扎克是名列前茅者；在优秀的人物中间，巴尔扎克是佼佼者之一。他才华卓越，至善至美，但他的成就不是眼下能说得尽的。他的所有作品仅仅形成了一部书，一部有生命的、光亮的、深刻的书。我们在这书里看见，我们整个现代文明的走向。一部了不起的书，他题作"喜剧"，其实就是题作"历史"也没有什么，这里有一切的形式和一切的风格，超过塔西陀，上溯到苏埃通，越过博马舍，直达拉伯雷；一部既是观察又是想象的书，这里有大量的真实、亲切、家常、琐碎、粗鄙。但是，有时会通过突然撕破表面、充分揭示形形色色的现实，让人马上看到最阴沉和最悲壮的理想。

愿意也罢，不愿意也罢，同意也罢，不同意也罢，这部庞大而又奇特的作品的作者，不自觉地加入了革命作家的强大行列。巴尔扎克笔直地奔向目标，抓住了现代社会进行"肉搏"。他从各方面揪过来一些东西，有虚像，有希望，有呼喊，有假面具。他发掘内心，解剖激情。他探索人、灵魂、心、脏腑、头脑和每个人的深渊。巴尔扎克由于他自由的天赋和强壮的本性，由于他具有我们时代的聪明才智，身经革命，更看出了什么是人类的末日，也更了解什么是无意。于是面带微笑，泰然自若，进行了令人生畏的研究，但仍然游刃有余。他的这种研究不像莫里哀那样陷入忧郁，也不像卢梭那样愤世嫉俗。

这就是他在我们中间的工作。这就是他给我们留下来的作品，崇高而又扎实的作品，金刚岩层堆积起来的雄伟的纪念碑！从今以后，他的声名在作品的顶尖熠熠发光。伟人们为自己建造了底座，未来负起安放雕像的责任。他的去世惊呆了巴黎。他回到法兰西有几个月了。他觉得自己不久于人世，希望再看一眼他的祖国，就像一个人出门远行之前，再来拥抱一下自己的母亲一样。他的一生是短暂的，然而也是饱满的，作品比岁月还多。

唉！这位惊人的、不知疲倦的作家，这位哲学家，这位思想家，这位诗人，这位天才，在同我们一起旅居在这世上的期间，经历了充满风暴和斗争的生活，这是一切伟大人物的共同命运。今天，他安息了，他走出了冲突与仇恨。在他进入坟墓的这一天，他同时也步入了荣誉的宫殿。从今以后，他将和祖国的星星一起，熠熠闪耀于我们上空的云层之上。站在这里的诸位先生，你们心里不羡慕他吗？

各位先生，面对着这样一种损失，不管我们怎样悲痛，就忍受一下这样的重大打击吧！打击再伤心，再严重，也先接受下来再说吧！在我们这样一个时代里，一个伟人的逝世，不时地使那些疑虑重重、受怀疑论折磨的人，对宗教产生动摇。这也许是一桩好事，这也许是必要的。上天在让人民面对崇高的奥秘，并对死亡加以思考的时候，知道自己做的是什么。死亡是伟大的平等，也是伟大的自由。

上天知道自己做的是什么，因为这是最高的教训。当一个崇高的英灵，庄严地走进另一世界的时候；当一个人张开他的有目共睹的、天才的翅膀，久久飞翔在众人的上空，忽而展开另外的、看不见的翅膀，消失在未知之乡的时候。我们的心中，只能充满严肃和诚挚。

不，那不是未知之乡！我在另一个沉痛的场合已经说过，现在我也永不厌烦地还要再说——这不是黑夜，而是光明！这不是结束，而是开始！这不是虚无，而是永恒！我说的难道不是真话吗，听我说话的诸位先生？这样的坟墓，就是不朽的明证！面对某些鼎鼎大名的、与世长辞的人物，人们更清晰地感到这个睿智的人的神圣使命，他经历人世是为了受苦和净化，大家称他为大丈夫。而且心想，生前凡是天才的人，死后就不可能不化作灵魂！

这篇悼词表达的感情十分强烈，指向也非常明确，主要是哀悼逝者，赞美逝者，并借此激励生者。为巴尔扎克逝世写的这篇悼词，雨果用了悼词常用的"讳饰"手法。悼词以评价为主，注重议论；同时列举逝者的生平事迹、主要成就，叙述成分较重；而且以睿智的眼光思索人生，这是比较独特的一点，一般的悼词中没有这一项。因此，思想境界更高。本例大量使用了赞美之词，从多个角度评价巴尔扎克的人格和作品。写人们对巴尔扎克逝世的反应，雨果用了"哀悼""震惊""惊呆""伤心""悲痛"等词语。这些都是对逝者的哀悼。同时，雨果使用了大量经典的语句，评说巴尔扎克逝世对世人、对社会的影响，这些诗一般的语句，充满了雨果对逝者的敬意和热爱，使参加葬礼的人在痛悼、敬爱逝者之余，精神受到激励和鞭策，灵魂得到净化与升华。雨果具有敏锐的洞察力和丰富深刻的思想，巴尔扎克的逝世使他在痛惜之余，又陷入了哲理的思考：人该怎样活着？生与死的价值意义何在？这些思考都在悼词中得以显现。

生日、寿诞致辞

生日、寿诞致辞主要是根据具体情况来选择，生日祝词要看你写给谁，要表达什么样的感情，不能对所有人用一样的话。

1. 写给孩子的生日词

下面这些贺词与人生、与生活有关，积极向上、催人奋进，我们来欣赏一下：

（1）跳动的火焰为×××插上翅膀，许下的心愿将承载着×××的理想，翱翔在广阔的人生天地间！在人生的旅途上，×××已经通过自己的努力迈开了扎实的第一步。我们相信，在今后的学习、工作、生活中，他一定能成为一个自尊、自爱、自立、自强的男子汉。朋友们！让我们共同举杯，再次祝愿×××生日快乐，明天更美好！同时也祝愿所有的来宾朋友阖家欢乐，幸福安康！

（2）今天是你的生日，美丽的季节里鲜花正艳，无数的祝福等待着你，在这个属于你的日子里，让喜悦的心情随着声声的祝福直到永远，让欢歌笑语陪伴着你一生平安。

（3）每过一年都是一个新的开始，每过一个生日，就是体验生命价值的时刻。人生中可能有许多次成功与失败。亲爱的朋友，当新的一岁到来的时候，让一些不堪回首的往事随岁月的年轮一转而过，生命中奇迹无所不在，愿你能够在今后的道路上收获更多的美好与快乐，在人生的道路上做一个成功的强者。

（4）你的生日又到了，日子一天天流逝，不论世事如何变迁，想念的心情却不改变，你永远是我的好朋友，祝你生日快乐！你已经在人生的跑道上跑了很多圈，又将开始新的一圈，我将一如既往地站在跑道旁为你呐喊助威。

2. 寿诞贺词

各位嘉宾，各位朋友，女士们，先生们，今天是公元××年×月

××日，今天对于我们在座的大多数人来说，只是一个非常普通的日子，可是对于我们在场的一位老人来说，今天却是一个值得特别纪念的日子，因为今天是他××岁的大喜之日。今天，我们欢聚在此，共同庆祝老人家××岁华诞，首先，在这里，我首先代表老人家以及他的子女，向各位嘉宾、各位朋友的到来表示热烈的欢迎和诚挚的谢意。让我们以热烈的掌声祝福老人家生日快乐，福如东海，寿比南山。

（介绍当事人经历）

下面有请老人的子女逐一向老人拜寿。

下面有请老人的子女为老人点燃生日蜡烛！

（祝寿过程）

朋友们，让我们再一次以掌声祝愿×××生日快乐，天天快乐！也祝在座的所有父母生活幸福，健康长寿！

3. 婴儿满月祝贺词

婴儿满月是人生中的大事，亲朋好友道贺或者前来问候是人之常情。祝贺要有针对性，宝宝满月是父母长辈看重的日子，对孩子的满月贺词更是对他的人生的美好祝福。下面我们来看一个范例：

尊敬的各位嘉宾、女士们、先生们、朋友们，大家好！家庭乐曲添新章，喜得贵子倍欢畅，邀朋把盏聚一堂，爱情硕果共分享！真可谓：喜得贵子吉星照，光耀豪门福气来！

值此良辰美景之际，我宣布××与××夫妇喜得贵子满月酒宴庆典仪式现在开始！首先让我们大家以热烈的掌声向喜得贵子的××与××夫妇，致以热烈的祝贺和美好的祝愿！

爱情演绎谱华章，家族繁衍人兴旺，亲友庆贺笑声起，推杯换盏喜气扬。各位嘉宾的到来，无疑给这满月酒宴，增添了色彩，增添了情谊，增添了吉祥！让我代表主人对各位嘉宾的到来表示热烈的欢迎和衷心的感谢！

俗话说，"不养儿不知父母恩"，孩子的成长不仅伴随着喜悦，更伴随着一份责任，相信小两口一定会不负众望，培养教育好下一代。我们更相信在各位亲友的关心和帮扶下，小宝宝一定会健康成长！

4. 校庆、校友聚会上的精彩发言

校友聚会发言需注意的几点原则：

（1）即兴发言，形式简短。聚会发言应避免长篇大论及空洞的说教。

（2）发言内容必须与场面气氛相符。有些聚会比较正式，就必须用正式的致辞方式，有些聚会比较轻松活泼，就必须带有喜庆的语气。

（3）聚会发言须遵循一定的礼仪。首先，要听从主人或主持人的安排，大都以即兴发言为主。宴会场面，通常会有主持人主持，所以发言的次序必须根据主持人的安排。其次，发言中要遵守现场的礼仪，根据情况不同，有些需起立站在原位发言，有些需站在主席台前发言。发言中要保持礼节。

（4）避免冲突和对抗性的发言。聚会是大家相聚的场所，气氛融洽，发言时应避免容易引发冲突和对抗性的发言，如有意见和建议可以在会后再沟通。

下面是一篇校友聚会的演讲范文，我们来欣赏一下：

　　尊敬的各位领导、各位老师、亲爱的同窗好友，我们离别二十年又相聚在一起，重返母校，重温当年，心情无比激动，真有一种回家的感觉。从我们相识到现在正好二十周年，这二十年来，不仅社会发生了巨大变化，我们自己变化也很大，每个人都有不平凡的故事，都有一份心灵的感悟，相信我们今天的团聚会使大家更加珍视这份感情，将会在每个人心里留下美好的回忆。今天我们大家在社会上都找到了自己的位置，各行各业几乎都有我们同学的影子，不论你现在在干什么，将来要干什么，我们都不能忘记我们的老师，是他们教我们知识，教我们做人的道理，在此，我代表我们班全体同学，向曾经培养我们的领导、曾经教育过我们并一直关注着我们成长的恩师们表示由衷的感谢。

　　二十年离别，二十年思念，二十年期盼。记得二十年前，我们满怀憧憬，带着理想，告别母校，告别老师，走向大江南北，走向工作岗位。回首往事，恍惚就在昨天，此时此刻，此情此景，面对师长，面对同学，我禁不住浮想联翩。二十年前，我们都是不懂事、天真活泼的孩子，而今天我们开始步入中年，岁月在每个人脸上写下了成熟和沧桑，但往日的风采依然显现在每个人身上。虽然我们已不再年轻，肩上多了责任，但是我们大家依然风采依旧，依然那么亲切，那么活泼，充满着向上的力量。岁月可以带走我们年轻的容颜，但永远带不走我们对彼此的感情，我们的情谊永远年轻。

　　想想我们在一起的时候，那是多么值得回忆的美好年代，虽然清贫，吃不好也穿不好，当时除了学习上的压力外，几乎不知道什么叫忧愁。我们一起上操，打球，上晚自习，整整四年，正是这四年时间使我们结下了不解之缘，在这里，我们为了理想，为了抱负，勤奋努力，刻苦自勉，一起做学问、谈人生。在这里，我们明白了做人的道理；在这里，我们度过了生命中最宝贵的年华，师生之间、同学之间结下了深厚的友情。这里留下过我们的足迹，这里洒下过我们的汗水。至今，我还能清晰地记得当年的情景，师生情、同学谊，一件件一幕幕，一点点一滴滴，像那陈年的美酒，沁人心脾，回味无穷。

二十年了，二十年漫道真如铁。二十年艰辛，二十年奋斗，二十年辉煌。人生能有几个二十年？此时此刻，我们想说得太多太多，有许多思念，更有许多喜悦。虽然已过去了二十年，那一个个画面就像还在眼前，相信在座的每位同学都有同样的感受，心里都在品味着在校生活中难忘的一幕幕。同窗几年，我认为我们最大的收获是彼此之间真挚的感情，这种感情使我们受益终身。

二十年来，我们全班同学在各自的工作岗位上兢兢业业，有擅长经营的企业老总，也有政绩卓著的人民公仆。饮水思源，我们的每一份工作、我们的每一点进步，都让我们由衷地感到恩师伟大，师恩难忘。今天，看着母校的变化，我们诚挚地祝愿：母校的明天更辉煌。同学们，相聚是幸福的，现在大家每个人脸上露出了幸福的微笑；相聚也是短暂的，分手也是实实在在的，明天我们还会继续经营我们的事业，但我相信今天的相逢是一杯醇厚的美酒，是一首无言的歌，永远留在我们心里。

各位同学，今天的相逢是难得的机会，一辈同学三辈亲，我们一定要把友谊延续下去。在以后的日子里，希望大家多多联络，最后，祝老师们健康长寿，阖家幸福！祝同学们身体健康，事业发达！谢谢大家！

联欢精彩主持词

在联欢主持中，除了要应付突发的情况，要组织语言去表达想说的话之外，还有一点一定要懂得——台风。这里所说的台风是指舞台上主持人的风格。如果主持人有一个好的台风，那将刮起一场关于联欢的精彩风暴。

不同的主持人有不同的主持风格，首先，主持人得做好必要的准备。包括了解听众，熟悉主题和内容，搜索素材和资料等，这些工作可以让你在主持的时候，知道哪些能说，哪些不能说，更重要的是，你能了解到自己主持的大致方向，而不至于主持时让观众摸不着头脑。比如，你今天主持的节目要采访某一位知名艺人，你首先要去了解这个艺人，然后跟艺人做好沟通，大致跟对方说一下你提问的流程，要问到哪些问题。这样，一来是给自己做一个初步的彩排；二来也给艺人一些准备；三来，也表示对艺人的尊重。

其次，主持人要做一个优秀的即席演讲者。主持人其实就是一个即席演讲者，你不可能让艺人上你的节目，然后艺人就自己介绍自己的一些情况，你要把艺人事迹引出来，让观众知晓这个艺人的一些基本情况。

最后，主持人要学会合理地运用语言技巧和话筒的作用。运用语言技巧包括开场白、结尾、立论、举例、反驳、幽默、鼓动、语音、表情动作的艺术等，通过运用各种口才艺术，使口才具备两种力量：逻辑的力量和艺术的力量，尤其要注重停连、重音的运用。

关于主持时话筒的运用，一般有两种方式握话筒：一是手放在话筒中间朝下一点；二是拿着话筒的底部，而话筒最好离嘴巴有一定的距离，大概五六厘米就可以了。

主持人在台上主持节目时，难免会遇到这样或那样的困境、窘境，因此优秀的主持人一定要有敏锐的思辨力和快速反应的能力，这样才能及时出语圆场，化解尴尬，保证节目的正常进行，彰显出自己的主持功底和非凡口才。

敏锐的思辨力和快速反应的能力一般反映在以下几方面：

1. 反话正说

有一次，一位节目主持人在北京电视台主持一场曲艺晚会，轮到一位杂技演员表演一个踩鸡蛋的杂技时，一不小心脚下的鸡蛋被他踩坏了一个，这时观众全都看见了，演员很不好意思地又换了一个鸡蛋，这位节目主持人忙打圆场："为了增加艺术效果，证实鸡蛋是真的，所以演员故意踩坏了一个给大家看。"不巧的是，他话音刚落，演员脚下又一个鸡蛋碎了。观众马上转向主持人：这回看你怎么说。只听主持人说："唉，社会上的伪劣产品屡禁不绝，看来不抓不行了——连母鸡都生产劣质产品！"台下顿时一片笑声和掌声。

面对演员一而再地失误，主持反话正说，把演员不小心踩坏鸡蛋的出丑行为，机智地"正名"为"验证鸡蛋真假"的正常的特意行为，从而一下子为演员挽回了面子，又借机发挥，巧妙将鸡蛋破碎的原因引申到"伪劣产品"上，既合理又幽默地把责任推到了母鸡身上，令人忍俊不禁，让人深深感受到了他的圆场技巧和语言智慧。

2. 借题发挥

某大型文艺演出的首场彩排中，一位演员不慎摔倒，现场气氛顿时很尴尬。主持人见状，急中生智，说道："刚才这位演员不小心摔倒了，好在没影响到她的演出。其实在这样一个舞台上，能站在这里的都是最优秀的演员，大家都是摔倒了又爬起来才走到这里的！"话音一落，全场立即爆发出了热烈的掌声和叫好声。

面对歌手摔倒这一尴尬局面，这位节目主持人机智地借题发挥，从"不小心摔倒"的情景，联想到台上诸多演员的奋斗经历，出语不凡，不仅寓意深刻地道出了一个优秀演员历经挫折走向成功的道理，给人启迪，同时转移了大家的注意力，起到了圆场之效。

3. 善用假设

一位当红魔术师担任一个魔术节目的评委，现场有一位魔术爱好者在表演完毕后，不满评委的评价，竟自称是"中国喜剧魔术第一人"，情急之下他还将矛头对准了评委，说："你表演的魔术我都看穿了，我现在就能讲出你发明的那些魔术是怎么变的！"此举令一向温文尔雅的当红魔术师也火了，严厉地说："如果一个魔术师在舞台上揭秘魔术，那他就不配站在这个舞台上！"面对如此窘境，主持人急忙说："如果没有优秀的魔术师对魔术进行创新，破解也就无从说起，喝水不忘挖井人，对吧？"一句两全其美的话，使得双方很快平静下来，节目得以顺利进行。

面对选手和评委的争执，作为主持人可谓处于两难境地，偏袒任何一方都不妥。为了结束争论，给双方一个台阶，巧妙地运用了一个假设，将两人的关系融入其中，说明"魔术创新是选手破解的前提条件"，这样，既肯定了这位当红魔术师对魔术创新的功劳，又提醒选手"喝水不忘挖井人"，告诫选手不要忘本，戒骄戒躁。

妙用假设来圆场，真可谓两全其美，由于附加了假设的条件，使表达变得婉转，所以让双方都能接受，从而化解了他们的敌对情绪，一场风波也就平息了。

礼仪性致辞即席发言技巧

礼仪性致辞要知道的常识

很多政治家、文化科学名人、商界人士的演讲多数都是礼仪性的。比如，欢迎词、欢送词、祝贺词、答谢词、介绍词、解说词等。这类演讲往往具有临时性、广泛性、应酬性等特点。

1. 欢迎时的即席发言

工作中如果遇到来宾参观、访问，或是有新职员加入，在见面之初，致上一篇热情洋溢的欢迎词，往往必不可少。准备欢迎词时，通常应考虑对象、场合、内容与态度等几大问题，其重点是"欢迎"二字。对象不同，欢迎词便有所不同。总的说来，对下来检查工作的上级人员，应当谦恭。对初来乍到的客户，应当诚恳。对新加入的职员，应当热情。

致欢迎词的最佳地点，首推经过特意布置的接待室、会客室或会议室。站在人来人往的大门口或人声嘈杂的楼道里，都会影响效果。在内容上，欢迎词应包括自我介绍、郑重表示的欢迎之意、对被欢迎者的建议与希望等。其中尤以致辞者的自我介绍为不可或缺。要不然，致辞者一开口，下面的人就会相互询问："此君何人?"在致辞时的态度上，要胸有成竹，充满自信，面带微笑。特别要注意，与听众交流眼神时，要坚持"等距离之际"，不要只看着上司、熟人、异性，而让其他人被冷落。致欢迎词时，既可以提前拟好稿，届时"照本宣科"，也可以不照稿宣读，不用稿子，依个人状况而定。

2. 欢送时的即席发言

每逢同事离职、朋友远去或是来访的同行、客户告辞之际，为了表示对他们的尊重，于情于理，都应当赠之以临别的赠言。举行正式的欢送会，当着被欢送者以及其他送行者的面，致上一篇欢送词，可以体现出致辞者对友情的珍惜，也可以使被欢送者倍觉温暖，使临别之情不尽依依。

致欢送词的一大好处，是可以说出某些当致辞者自己单独面对被欢送者时，难以说出的话。例如，对他的评价，对他离去的惋惜，等等。有时面对一个人，尤其是异性时，有些话便更难以启齿了。

致欢送词的重点，是要充分地表达致辞者的惜别之意。与此同时，亦可表现出致辞者对友谊的无比珍视。准备欢送词时，切记要包括四项要素：一是对被欢送者的高度评价；二是对既往与之相处的时光的温馨回忆；三是自己真心实意的惜别之情；四是对被欢送者的美好祝福。以上四项要素，不一定是每一篇欢送词都要一一具备，但它们的确是致欢送词的筋骨。与欢送词相比，欢送词应更富有文采，更具备真情实感。

3. 祝贺时的即席发言

在他人适逢喜庆之时，予以正式的祝贺，是一种有助于双向沟通的方式。在为贺词打"腹稿"时，需要仔细斟酌辞令，既要语言优美、感人，又要力戒过度恭维或词不达意。准备贺词，要以"恭喜"为主。

在贺词的字里行间，要自始至终充满热烈、喜悦、愉快、激动的气息，要使自己所讲的话中满怀着热情。准备贺词，一定要加入对对方称颂、赞扬、肯定的内容。同时，也不要忘了，如果具体场合允许，应借机表示致辞者对被祝贺者的敬重与谢意。贺词中还须认真、诚恳地表达致辞者的良好祝福。

4. 答谢时的即席发言

在人与人之间的交往中，支持自己，对自己肯定最大的，最使人感觉珍贵的，恐怕就是他人对自己所表达的感谢之意了。在正式的集会上，发表一篇热情洋溢的感谢词，较之于在无外人在场时悄声说一个"谢"字，要更为郑重其事，影响更大，也更能让人感动。例如，过生日、结婚、获得奖励、被授予荣誉称号、本单位举行庆典、事业上取得了重大成就的时刻，都应当向来宾或在场者致辞答谢。如果说对人常存感谢之意，并在适宜之时将它表达出来，是为人处事的一个诀窍，那么在必要时，答谢词也会让友人与同事对自己刮目相看。

准备答谢词，要力戒套话、费话。一开始就讲"我好激动""我讲不出话来""我想起了许多昔年往事"，反倒不如回顾一下在自己取得成绩的过程中，其他人是如何支持、帮助自己的。在答谢词里，对自己评价要中肯，不要自吹自擂，表现得"当今之世，舍我其谁也"，不可一世，也不要妄自菲薄，引喻失义，显得不够诚实。

在致答谢词时，叙事要清楚，对他人的感谢要不厌其烦地一一说清楚，道明白。最后，别忘了找出一些自己的不足，以及今后努力的方向，借以请求各位继续关照自己。即便自己有再大的喜事，的的确确十分开心，也要在致辞时沉住气，不要气喘吁吁，口齿错乱，或语气神态表现得得意忘形。

大凡答谢词，都少不了要包括"此时此刻"的感触，对他人的感激以及今后自己继续努力的方向这三大内容。

祝酒词

祝酒词是领导人以及个人在喜庆佳节、外宾初至或个人纪念庆典时，举行宴会前所发表的表示热烈欢迎和诚挚感谢的讲话文稿。有时祝酒词和欢迎词可以互用。

发表祝酒词要注意：

1. 祝酒词中对宾客的称呼要用尊称，在姓名前面可以加上头衔或亲切的词语，不可用简称或代称。

2. 用语上要表现出待客礼貌，诚恳热情，尊重对方的风俗习惯，不讲对方忌讳的话。

3. 内容上要注意有礼有节，巧妙、恰当地表达自己的原则立场。

4. 结语部分要求比祝酒词简练一些，只说表示欢迎、祝愿的话即可。

5. 篇幅要简短，语言要精确、友好、热情。

发表祝酒词的要领：

1. 祝酒词要具有针对性，要掌握出席者的情况。

2. 祝酒词措辞要得体，符合一定的对象、场合，尤其是外交场合的祝酒词更应体现这一点，既要措辞谨慎，表明立场，又要感情真诚，气氛友好。

3. 篇幅简短，语言精练，感情色彩浓烈而又把握分寸。祝酒词的称谓即是对出席者的称呼。称呼要热情友好，可以加上头衔或表示欢迎尊敬的词语，并注意称呼的准确性和包容性。

祝酒词的主体部分，可以分层表述：一是致辞者在什么情况下，代表谁，向出席者表示欢迎、感谢和问候；二是回顾过去，概括已往所取得的成就及现在的变化和发展；三是放眼全局，展望未来，联系当前面临的光荣而艰巨的使命等。